GARVY CAMP BOOKS

焚き火を とことん楽しむ

GARVY CAMP MAGAZINE

実業之日本社

Contents

Chapter 1

焚き火の基礎知識

Chapter
2

焚き火料理

Chapter
3

焚き火と道具

※本書は、キャンプ雑誌『ガルヴィ -GARVY-』（実業之日本社刊）各号の掲載記事を元に再編集し、刊行するものです。

Chapter
1

焚き火の基礎知識

焚き火には不思議な魅力がある。
キャンプでの炎を見つめる時間は格別だ。
でも、まずは焚き火の基礎知識を知っておきたい。
ルールとマナーも、しっかり確認。
自然を思いやり、ともに生活することがキャンプなのだ。
その心をなくしてはいけない。

※オンウェー コンフォートローチェアプラスを焚き火のそばで使う際は、カバーを外すか、十分に距離をとって使用しましょう。

今さら聞けない、
でもみんな
気になってる!?

焚き火のキホン

知っているようで、意外と知らない焚き火のこと。
一歩まちがえば大ごとになる「火」のことだからこそ、
しっかりと基本とルール＆マナーを把握しておこう。

Q キャンプ場なら、どこでも焚き火ってできる？

焚き火ができるか否かは、キャンプ場によってさまざま。ただし、多くのキャンプ場が「焚き火台を使用すればOK」。なかには「場内の限られた場所のみで焚き火OK」など、制限を設けているキャンプ場も。また地面の上で焚き火を行う「直焚き火」が可能なキャンプ場もあるが、その数は限られている。事前に確認しておこう。

キャンプ場の多くが、焚き火台使用ならOK

器具使用で焚き火OKというキャンプ場も多いが、専用スペースのみでOKというところもある。焚き火を楽しみたいなら、予約時にキャンプ場に確認しておこう。また各サイトに専用のファイヤープレイスが設けられていたり、焚き火に特化したサイトがあるところも。

直焚き火できるキャンプ場は限られている

直焚き火とは地面の上で直接、焚き火をすること。石で炉を作り、その中に薪を組み上げて火を起こし、ワイルドな雰囲気を味わうことができる。けれど、その直焚き火可能なキャンプ場はかなり少ない。近年、焚き火の後始末をしないケースが増加しており、それを理由に直火禁止にしたキャンプ場もある。利用するなら、ルールとマナーは厳守だ。

TEXT ／横山穂波　ILLUST ／岡本倫幸

Q どんな道具が必要なの？

焚き火を安心して楽しむために、最低限必要なのはこの7アイテム。焚き火台やグローブなどのキャンプ道具に加え、鉈や火ばさみなどをそろえよう。全体的に熱に強く、頑強なものを選ぶのがポイントだ。焚き火台の大きさや形状はさまざまなので、自分のスタイルに合わせて選ぼう。

ライター

組み上げた薪の中心部に着火するので、柄の長いタイプや、風に強いターボ式が重宝。ひとつ持っておくと便利だ。

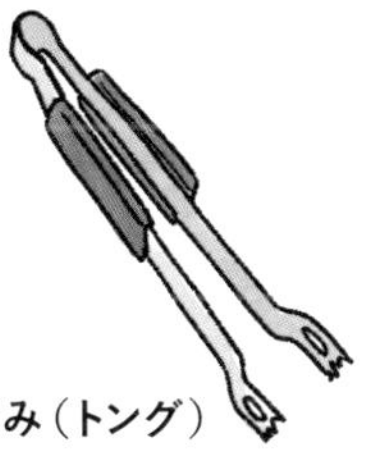

火ばさみ（トング）

薪をくべたり、移動したり、焚き火の際に活躍。火の中心部まで届くように、長いタイプのものを選ぼう。

焚き火台

筒型にカマド型、ディスク型など形状はさまざま。火床に空気が通る構造のものが多く、火が起こしやすい。（P30参照）

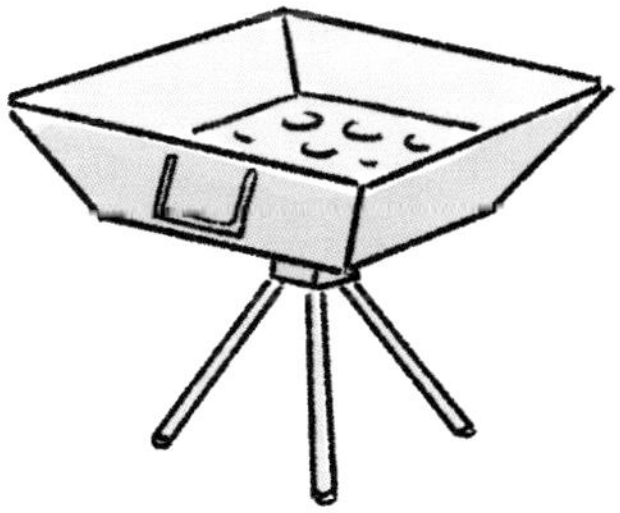

焚き付け
（松ぼっくり、着火剤など）

市販の着火剤のほか、ヤニを多く含んだ松ぼっくりは燃えやすく、着火剤代わりになる。スギの葉も火付きがいい。（P27参照）

鉈やナイフ

太い薪を細くするのに便利な鉈。ナイフは木を削ってフェザースティック（着火剤）を作るなど、いろいろ使える。

火吹き棒、うちわ

火吹き棒は火を熾すときに重宝。火の中心部にそうっと風を吹き込み、火を育てるアイテム。うちわで代用も。

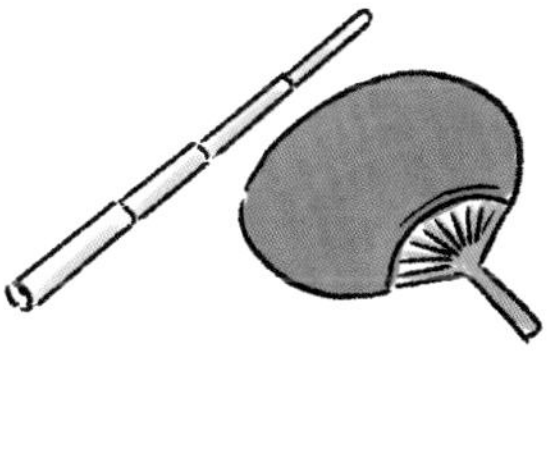

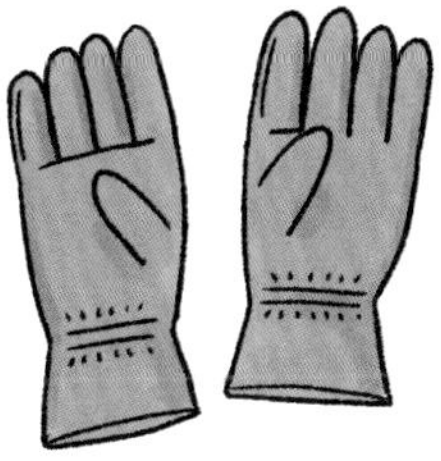

グローブ

焚き火の火力でやけどしないよう、グローブの用意は必須。ささくれだった薪をつかむのにも安心だ。

初心者でも火が育つ 焚き火の仕方を教えて！

ラストはスムーズな着火方法＆火の育て方を紹介。最初に知ってほしいのが、太い薪には直接、火がつかないということ。細い薪から火をつけて、徐々に太い薪へと移し、火を育てていくのだ。もうひとつポイントとなるのが薪の組み方。空気の通り道を確保できる、代表的な薪の組み方は❷を参照。詳しい手順はP10から紹介。

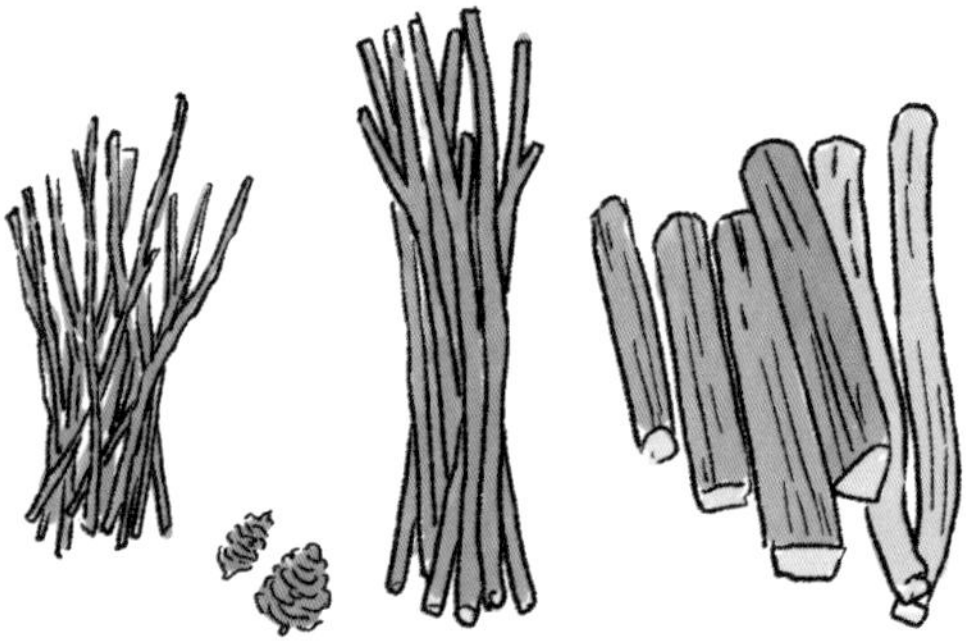

❶ 太さの違う薪を用意

乾燥した小枝や、薪の樹皮部分を削いだものなど、細めの薪や枝を用意。その次に火を移す薪は、鉈などで中～細めに割っておく。太さ別に3種類を用意。森に落ちている松ぼっくりやナラの樹皮などは、焚き付けにも使える。

❷ 薪を組む

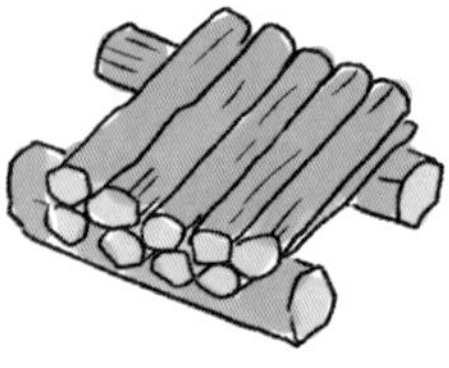

並列型

枕木を横に2本渡し、その上に薪を並列に置く組み方。薪の安定感がよく、燃焼効率もいいので、強火力になる。調理の焚き火として使ってもいい。直焚き火用の組み方としてもオススメ。

井桁型

井の字型になるよう、交互に薪組み上げる方法。着火後はこの井桁型の全体が燃えていくので、大きな炎になる。キャンプファイヤーなどでも採用されている構造だ。薪の消費量が高い。

合掌型

円錐状に薪を組む、定番の合掌型。下から空気を取り込みやすく、炎が上昇するので勢いよく燃える。焚き火の姿も美しい。勢いよく燃えるがゆえに、こまめな薪の補給が必要になる組み方だ。

Q 焚き火スペースはサイト内のどこに作るべき？

焚き火スペースは、人が集まるリビングスペースやキッチンスペースから十分に離して設置することが基本。ファミリーキャンプの場合は、子どもが走りまわることもあるので、とくに距離感に注意しよう。隣のサイトに火の粉や煙が直撃しないよう、風向きにも配慮。焚き火をする前にひと声かけておくと、気持ちがいいキャンプができるはず。

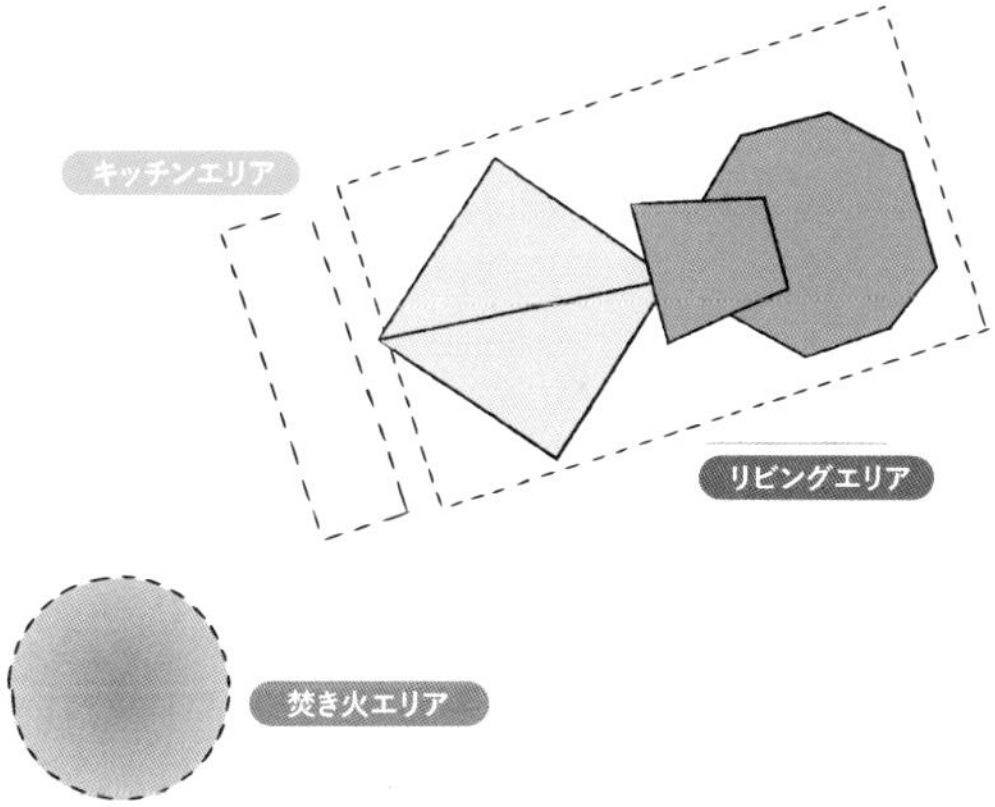

3 着火し、火がまわったら風を送る

薪を組んだら、その中心に焚き付けをこんもりと置き、ライターやマッチで火をつける。火が上がったらまずは様子を見る。小さめの炎が安定したら、火吹き棒などで焚き火の中心に、そっと空気を送り込む。

4 炎が安定したら、太い薪をくべる

焚き付けから細い枝、中太の薪、太い薪へと火がまわって安定したら、太い薪をくべて、さらに炎を大きく安定させる。これで焚き火の着火は完了！　あとは随時、薪を投入すればOKだ。

5 焚き火の終わり方

薪は灰になるまで燃やし尽くすのが、ベストな終わり方。あとは灰捨て場などで灰の処理をすればいい。薪が燃え尽きないで残ってしまったら、キャンプ場で処理できないか聞いてみよう。

スタンダードな 焚き火の手順

ここでは、準備を含めた“スタンダードな焚き火”の手順を追ってみよう。正しい手順を知り、習慣として身に付けることで、スマートな焚き火を実践することができる。とくに“焚き火の終わり”は確実に消火し、キャンプ場のルールに沿って片付けよう。

① 焚き火台を組み立てる

キャンプ場の多くが、地面に直接薪を置いて火をくべる“直火”が禁止されている。とくに草地は草が焦げて剝げてしまうので、地面に熱が届かない高さの焚き火台を用意。さらに灰がこぼれることや地面へのダメージを防ぐために焚き火シートを敷くと安心。

② 広葉樹と針葉樹の薪を用意するのがベター

キャンプ場やホームセンターで販売されている薪は、広葉樹と針葉樹に分類されている。広葉樹は火持ちがよく、針葉樹は火付きがいいので、両方あるとスムーズに焚き火ができる。どちらかしか手に入らない場合は、その特性に合わせて焚き火をしよう。

③ 風に備えて風上に風防幕をセット

風がある場合は火の粉が隣のテントに飛ばないよう風防幕を立てよう。ちなみに、なんとか焚き火ができる目安は風速3m/s程度（葉っぱや枝が揺れるくらい）まで。風が強くなったら残念だがすみやかに消火しよう。

④ 針葉樹の薪を割って焚き付けを作る

太い薪をそのまま燃やすのは大変だが、細くすれば燃えやすい。小枝があまり落ちていないときは、薪を細く割って焚き付けの準備をしよう。広葉樹の薪は堅いので、針葉樹の薪をひたすら割り続ける。薪割りという日常にはない作業が新鮮。

⑤ 細い木っ端はへし折る

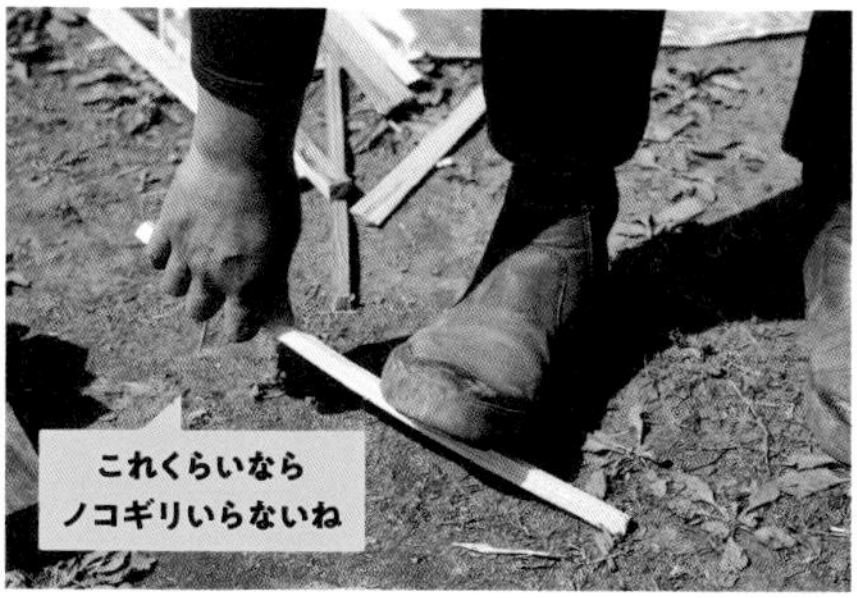

小さめの焚き火台だと薪を割った焚き付けが少しはみ出てしまう。焚き火台の外にこぼれ落ちないよう、石に立てかけ、ブーツで踏んでへし折って長さを調節。ストレス解消にちょうどいい!?

⑥ 牛乳パックと薪からむしった樹皮、木っ端を集めて着火

焚き付けを焚き火台に盛ったら、いよいよ着火！　気温が高く、焚き付けもたっぷりあるので着火剤がなくてもよさそうだが、そうはいっても失敗はしたくない。牛乳パックをちぎって焚き付けに仕込むことですばやく焚き付けの熾作りに成功した。

⑦ 焚き付けが燃え尽きないよう注意

焚き付けはあまりいじりすぎるのもよくないが、油断していたら、せっかくの火が弱くなりかけてしまう。焚き付けを追加し、なんとか回復。無事、細い薪に火が移ってくれた。

⑧ 広葉樹の太い薪を投入

細い薪で熾ができたら、次はもう少し太い薪を投入していく。徐々に熱が上がり、太い薪の表面が白っぽくなってくる。ここまできたらもう安心。楽しい焚き火時間のはじまりだ。

⑨ 太すぎる薪を切ったり割ったり……

焚き火台が小さめで、市販の薪がそのまますっぽり入らないことも。時間を見つけては焚き火台に乗り切らない太い薪を割り、長さも調整するも、量が多いと結構面倒。

⑩ 焚き火の熱源を有効活用

食事は焚き火で肉を焼くだけ。たったそれだけなのにおいしく感じるから不思議だ。ケトルを火にかけて、いつもお湯を用意しておけば、すぐにお湯割りを楽しめる。焚き火を活用すれば、キャンプが快適になるって本当だ。

⑪ 薪を燃やし尽くして焚き火終了

薪を燃やし尽くし、全部灰にして終了するのがスマートだ。途中で焚き火をやめる場合は、薪同士を離すようにすれば立ち消えしやすい。とはいえ熱をもっていると再び燃え立つので、密閉できる缶に入れれば確実に消火できる。

焚き火終わりを目指すも、小さな木片はまだまだ熱をもっている

消えたと思っても空気を送ると再び炎が立つ。小さな木片になっても油断禁物だ。待てない場合はバケツの水に1本ずつ浸けるか缶に入れて密閉して。

小さくなって冷えた燃えカスと灰

火床から落ちるほど小さくなり、手で触れても冷たくなった燃えカス。こうなれば焚き火台を放置して眠っても大丈夫。

所定の灰捨て場に捨てて、水をかけて焚き火終了

キャンプ場の灰捨て場に燃えカスと灰を捨てて終了。そばに汲み置いたバケツの水があれば、念のために水をかけてもいい。

次回の焚き火に備えてチャークロス作り

焚き火が安定したら、着火剤代わりになるチャークロスを作ってみよう。密閉できる缶にぎっちり不要な布を丸めて入れ、フタをしたら釘で一つ穴をあけて焚き火に載せて待つ。

缶の穴から白い煙が出なくなったら缶を火から下ろし、穴に釘をさして十分冷ます。缶を開ければ、中にはたっぷりの炭化した布、チャークロスが完成！　次回の焚き火に活用しよう。

Step 1

スムーズに火をつける第一歩

薪を切る、割る

焚き火の第一段階は焚き付けを作り、太さ違いの薪を準備し、さらにいい状態のまま薪を保管することにある。日常生活ではほとんど使う機会のないナタや手斧、ノコギリを使う作業だが、決して危険な作業ではない。刃物の安全な使い方を知る絶好の機会なので、親子で試してみよう。

少しくらい大きくて重いほうが薪作りが楽に進む

手斧《ておの》やナタ

焚き付け作りに欠かせない道具。両手で振りかざす長い斧は丸太すら割れるが、市販の薪なら片手で持てる手斧やナタで十分だ。刃がある程度重いものを選べば、その重みを利用できる。ちなみに片刃よりも両刃のほうが薪割り向きとされている。

ノコギリ

焚き火台よりも長い薪を入れると、燃やしている途中で焚き火台の外にこぼれてしまう。小さな焚き火台を使うならノコギリは不可欠だ。切り口は粗くてもいいので、粗目の刃を選択。

ナイフ

厚めで長い刃をもつナイフ（できればフルタング）であれば、細めの針葉樹をより細かく割って焚き付けを作ることができる。ナタと同じで薪に刃を当て、ほかの薪でナイフの刃の背を叩く（バトニング）といい。

ナタや手斧で無心に薪を細く割る

針葉樹の薪は、太めの薪の隙間に焚き付け向きの極細い薪が詰められている場合が多い。焚き火を始める前に、針葉樹の極細い焚き付け向きの薪、細い薪、太い薪、広葉樹の極太の薪といった具合に太さと種類をそろえたい。

焚き火は最初が肝心。焚き付け用の細い薪と、火付きのいい針葉樹の細めの薪をたっぷり使って、十分な熱を蓄えると、火がつきにくい広葉樹の極太薪が燃焼する。堅くて火持ちがいい極太の薪が燃えれば、手をかけなくても長く焚き火を楽しめる。面倒でも細めの薪と焚き付けを多めに作るようにしておきたい。

気をつけたいのがナタと手斧の使い方。振り回すのではなく、薪に刃を当てて、刃物ごと台に叩きつけるイメージ。こうすれば足元や薪を支える手を傷つけにくい。使わない刃物はすぐにシース（ケース）に入れるか、折りたたんで子どもの手が届かない場所に保管しよう。

特徴を知って
使い分けよう

広葉樹

堅く、火付きが悪いけれども火持ちがいい。繊維を観察すると、密で曲がっていることもあり、小さめの手斧やナタではうまく割れないことも。1束の燃焼時間は3～4時間。

針葉樹

繊維がまっすぐで軽く、小ぶりのナタでも楽に割れる。火付きがよく、とくに杉などは樹脂を含むのでよく燃える。焚き火はじめに最適だ。1束の燃焼時間は1～3時間。

薪を切る

►焚き火台のサイズにあわせて薪を切る

細い薪はへし折る

焚き付けなどはブーツで押さえてへし折るか、段差に焚き付けを渡して踏み抜けば、ノコギリなどなくても短くなる。切り口がギザギザになるので、着火しやすくなるのもメリット。

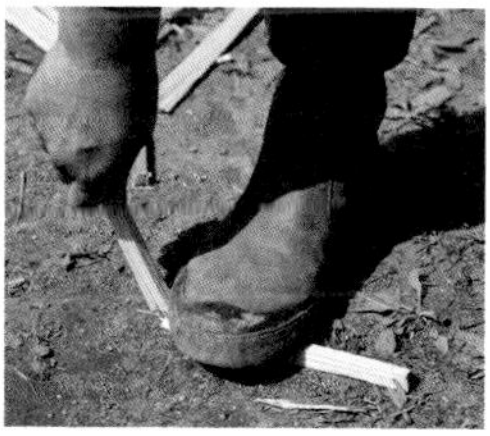

ノコギリで切りそろえる

太い薪はノコギリで焚き火台に収まる長さに調整。刃が湾曲していて、少し長めのものだと軽い力で作業できる。高さのある薪を1本置いて枕として、しっかり足で押さえて切ろう。

なるべく枕に近い場所を切る

枕になるべく近いほうが、薪がブレにくく切りやすい。薪を押さえる手はグローブや軍手をはめておくと、棘の不安がなくがっしり持てる。

薪を割る

►3種類の太さの薪を用意

刃を当てたまま薪ごと地面に叩きつける

手斧もナタも刃を当てた薪ごと、台に打ちつける。針葉樹の薪であれば5回ほどで割れるだろう。比較的安全な割り方だが、足先や手指に刃が当たらないよう足の位置にも気をつけて作業しよう。薪を持つ手には必ずグローブを着用。

慣れないうちは刃の上を木で叩いてもいい

刃が食い込めば、振りかざして一気に台に叩きつけると、ダイレクトに力が伝わりすばやく割れる。ただし、割れた薪が飛びやすいし、振りおろした刃先が足を傷つける危険がある。刃物の扱いが不慣れであれば、堅い木で刃の背を叩くほうが安心。

Step 2

マッチ1本で燃える焚き付けをたっぷり用意

焚き付けに火をいれる

よく乾いた小枝や薪を細く割った焚き付けをたっぷり準備できたら、いよいよ着火。準備した焚き付けには簡単に火がつくけれども、風を送ったり火ばさみでいじったり、ちょっとしたことで火が消える。小さな炎から、いかに熱量を高めて安定した焚き火にできるかはここが勝負!

►着火剤の上に小枝や木くずを載せておく

ちぎって半分に折った牛乳パック着火剤の上に焚き付けを載せて小山を作っておく。牛乳パック着火剤に手が届くよう空間を作っておき、マッチの炎を牛乳パック着火剤に近づける。

たっぷりの小枝を用意して小枝で熾を作る

まずこれくらいの焚き付けを燃やし、様子を見ながら焚き付けをそっと追加してたっぷりの熾を作る。

両手で持てる量の2倍の焚き付けがほしい

少しの焚き付けでも効率よくスムーズに大きな焚き火へ育てられればカッコいいが、最初はうまくいかない。

薪を燃やすにはそれなりの熱が必要で、焚き付けへの着火はその第一歩。細くてしなやかな焚き付けはすぐ燃える半面、すぐに消えてしまう。

モノが燃えたとき、安定して長く熱を放っていれられるのは、炎を立てている状態よりも熾になった状態だ。小枝の一部が黒くなっただけでは、ちょっとした刺激で消えてしまう。まれに焚き付けの段階で強い風を送っている人を見かけるが、せっかくの熱が飛ばされるのでここはガマン。炎は小さくなっても芯が真っ赤になった熾になれば、火力が安定している証拠だ。

とはいえ、繊細な焚き付けだと熾になってから燃え尽きるまでが早い。

焚き付けは、両手に持つ量だけではやや不安。できれば倍の量の焚き付けを用意してたっぷり熾を作ろう。

►着火剤を用意する

マッチの炎はすぐに消える。油脂を含んで、長く燃え続ける着火剤に火をつければ、焚き付けを確実に熾へと導いてくれる。身近なものでも、着火剤になるものはたくさんあるので、それを探すのも楽しみ（P24も参照）。

市販の着火剤

最も手軽で確実。ただし、一度開封すると成分が揮発して効果が弱まるものがあるので、使い切れる小分けタイプが便利。

樹皮

杉や白樺の樹皮は、樹脂を豊富に含んでいるので燃えやすく、長時間燃え続ける。薪や倒木からむしり取っておき、余ったら保管。

牛乳パック

身近な着火剤のひとつで、防水のためのコーティングがよく燃える。1本分の牛乳パックがあれば5～6回分の焚き火ができる。

麻ひも

これも身近な着火剤の一つ。そのままではなく、指で細かくほぐしておくとメタルマッチのわずかな火種でもよく燃える。

マッチのすり方

マッチを使う機会が減ったので、今一度すり方をおさらい。マッチの軸を持ってマッチ箱のすり側に同じ角度のままこすりつける。火がついた後、火を上にして持つと消えるので軸を地面と水平にして着火剤に点火しよう。

►雨の日に重宝するファイヤースターター

ライターは気温が低いと点火しづらく、マッチは雨に弱い。万一に備え、金属の棒をこすって火花を飛ばすファイヤースターター（メタルマッチ）があると安心だ。

ストライカーを固定する

ナイフの背（ストライカー）を固定して、金属棒（ロッド）をすばやく引いて火花を飛ばす。ストライカーを持つ手は脇をしめ、手首を固定しておくと火花が一定方向に飛ぶ。

木くずを集めておく

小さな火花で火がつくよう、ロッドを軽く削った粉と、樹皮をしごいた微小な木くずを集めて、火花を飛ばす。樹皮の上で行えば、樹皮ごと小さな炎を焚き付けまで持ち運べる。

Step 3

適度に手をかけて種火を安定した焚き火に！

健全な火に育てる

焚き付けでたっぷりの熾を作ったら、いよいよ薪を加えて火力を上げていく。火を育てていくうちに、火の性質や薪の燃え方がわかってくる。風の取り入れ方、気温との関係、樹木によって異なる香りなど、焚き火は自然のことを学ぶ絶好の教材であることを実感するだろう。

焚き付けをしっかり熾にする

たっぷりの焚き付けを用意し熾にすることで、この後加える太めの薪を燃やすための熱を蓄える。この段階で強制的に空気を送る必要はなく、ひたすら追加するのみ。

たっぷりの熾ができれば細い薪を追加

手では折りづらい細めの薪を数本、焚き付けの熾に載せる。写真は熾が少なめだけれど、よく乾いた薪だったので無事火が移った。15～20本の細い薪で熾を作ろう。

樹皮側を熾に向ける

薪に樹皮が残っていたらラッキー。樹皮側を熾に向けて置くと燃えやすい。樹皮がない薪は、ナタで薄く切れ込みを入れておいてもいい。

次の薪を乾かしておく

次に加える薪が湿気を帯びないよう、薪はスタンドの上で保管。灰受け付きで高さがある焚き火台なら、下に置いて少し温めてもいい。

燃焼に必要なものを考えて

燃焼には可燃物（薪）と酸素、熱という3つの要素が必要だ。

焚き火では、火吹き棒やうちわを使って空気を送ると、火力が強まるイメージがあるが、それはしっかり燃えた後のこと。表面に火が乗っただけのときに、勢いよく空気を送ると燃焼に必要な熱が奪われ、かえって立ち消えの原因になる。

焚き付けを熾にするときは、風を送らずそっと焚き付けを加え続けて、まずは熱を蓄える。焚き付けの熾ができたら細めの薪を数本載せて、薪に火を移す……という具合にじっくり焚き火を育てよう。適度に空気を取り入れられるよう、薪と薪の間に隙間を作っておくとよく燃える。

気をつけたいのが湿った薪だ。せっかくの熱が水分を飛ばすことに使われるので、煙が増えるだけでなく、立ち消えの原因になりかねない。湿った薪は焚き火台に立てかけるなど、できるだけ薪を乾かして温めておきたい。

太い薪が燃えたら見守りながら炎をキープ

熾を作りながら徐々に太い薪を加えることで、立ち消えることなく安定した焚き火に育つ。最後に広葉樹の太い薪を加え、火がついたらもう安心。焚き火から目を離さず、心ゆくまで楽しもう。

少しずつ太い薪を加えて火をコントロール

小型の焚き火台は薪がこぼれないよう気をつけて

市販の薪がはみ出るサイズの焚き火台の場合、ノコギリで切りそろえておけばいいが、少しくらいならそのまま使いがちだ。燃えたまま焚き火台の外にこぼれ落ちないように、火ばさみで薪の位置を調整しよう。

薪に沿って炎が上がるので好みの大きさにコントロール

炎は薪の表面を上へ上へと上っていき、薪が交差する場所に集まっていく性質がある。これを知れば、調理や暖をとる際に上手に炎の高さと強さをコントロールできる。

薪を寝かせて並べると、炎はそれほど大きく立ち上がらないが、同じ薪の本数でも薪同士を重ねるようにして高さを出せば、写真左のように炎は大きくなる。炎が大きくなると、薪の消費スピードが早くなることも覚えておこう。

Step 4

火は便利だが、ときに襲いかかる

安全に火を扱うための注意点

近年、焚き火が原因のトラブルが多発。今までなんとなく焚き火をしていた人も、焚き火に慣れたベテランも、火の扱い方を見直す必要がある。扱いきれないと人や自然にダメージを与える危険もあるので、安全に利用するポイントを押さえよう。

**焚き火の熱から
大地を守るシートがあると安心**

風をコントロールする風防幕

強風下では焚き火はできないが、木の葉がそよぐ程度なら、幕で風を防いで火が暴れないように調整すればいい。寒い時期は熱を反射して、暖かく過ごせるというメリットもある。

小さな火でも大きな焦げ跡に

焚き火をする際に気をつけたいのが焦げ跡だ。近ごろはロースタイルのファニチャーが増え、背が低く、直火感覚の焚き火台が人気となっている。しかし、そのまま使うと地面と火床の距離が近いので熱が伝わりやすく、草地だと焦げ跡が残ってしまうことも。ひどい場合、燃えカスを放置したまま帰ってしまう人もいる。

草地では特に、焚き火シートを使い、焦げ跡、燃えカスなどが残らないようにしよう。

また、焚き火の熱は思いのほか高くまで上昇し、思わぬところまで火の粉が飛んでいく。小さくてすぐに消えるイメージの火の粉だが、化繊のテントやジャケットに穴があくほど高温。うっかり飛んでいった火の粉で、枯れ草が発火することもあり得る。また、枝が垂れ下がった木の下で焚き火をすると、焚き火の熱が木に影響を与えることも。地面だけでなく、上空の状況もよく観察しよう。

大地へのダメージを防ぐ耐火シート

1枚敷いておくと熱を伝えづらく、万一、薪がこぼれ落ちても地面に影響しづらい。なるべく広めのものを用意したい。

ステンレス製

薪がこぼれやすい小型の焚き火台は、ステンレス製の脚付き焚き火用スタンドに置くと、焦げ跡の不安から解放される。

ファイバーグラス製

薪がこぼれても穴があくことはない耐火シート。とはいえ、耐熱性が低く、草やデッキに焦げ跡がつくものもあるので要注意。

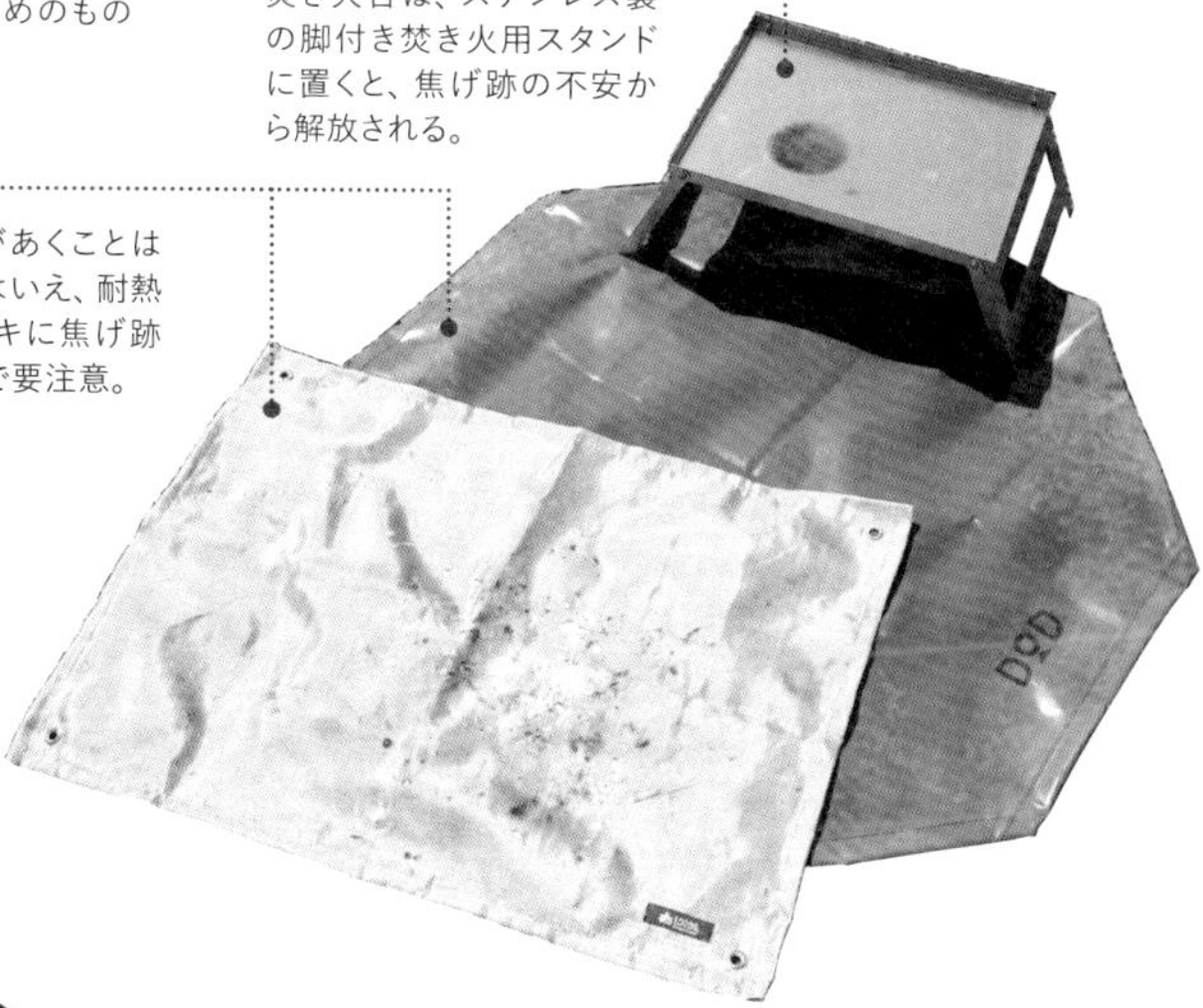

コットンやレザーのエプロン

アウトドアウエアは、速乾性の高い化繊が多いが、火の粉で穴があきやすい。厚手コットンの焚き火用ジャケットを羽織るか、暖かい季節はエプロンでウエアをカバーしておこう。

やけどを防ぐ耐熱グローブ

素手のまま焚き火周りの作業をすると、やけどの危険が高まる。レザーグローブを着用して防止しよう。耐熱性の高いものなら、短時間であれば熱い鍋を持てるほどで、より安心だ。

炎が大きくなると、水をかけてもそうそう消火できない。むやみに大きな炎を立てるのではなく、必要最小限の焚き火に収めておくことも大切だ。

Step 5

火が放つ熱と明かりをありがたく利用

焚き火を活用する

火は暴れると手がつけられない。しかし穏やかな表情のときはぬくもりを与え、古くは調理、土器づくりなど、人々の暮らしを大きく発展させてきた。日常生活ではそのありがたみを忘れがちだが、キャンプでは焚き火を通して、火のもつ力を実感するはず。焚き火の上手な活用法とは？

トライポッドやハンガーがあれば焚き火料理がはかどる

鍋や食材を吊るして炙り料理や湯沸かしを同時進行

小さな焚き火台に二つの鍋を置く場合、薪を散らしてそれぞれの鍋に適した火力にするにも限界がある。しかし、片方を吊るすことでひとつの熱源でも料理しやすくなる。

まずは焚き火料理から始めてみよう

　キャンプにおいて、焚き火の活用第一位は料理だろう。バーナーのように簡単に着火することはできないが、広い面で熱を放つので、大きな鍋でもムラなく加熱できる。これは焚き火ならではの利点だ。

　ガスや炭とは違って、焚き火で料理をすると少なからずスモーキーな香りが食材に付着する。スモーク風味を苦手とする子どもは多いが、大人にはたまらない味。酒とともに、ちびちび炙りながら食べるのは極上のひととき。親子で焚き火料理を楽しむなら煮込みがいいだろう。

　料理以外では炭作りはどうだろう。空き缶に木の実や松ぼっくり、葉っぱを詰めて、お花炭を作るのも楽しい遊び。チャークロス作り（P13）と同じ要領で、なるべく水分の少ないものを、たっぷり詰め込めば、ユニークな形の炭ができる。自宅に持ち帰って飾れば、思い出話がはずむうえ、少なからず消臭効果を期待できる。

　ほかにも、熾で木をくりぬいて食器を作ったり、板に模様を描くなど焚き火活用術は無限だ。

焚き火に強い鉄皿でステーキを

火力の高い焚き火は、厚手の鉄やステンレスと相性がいい。しっかり蓄熱させたら、油をなじませ弱火でじっくり肉を焼く。それだけでいつもの肉がよりおいしくなる。

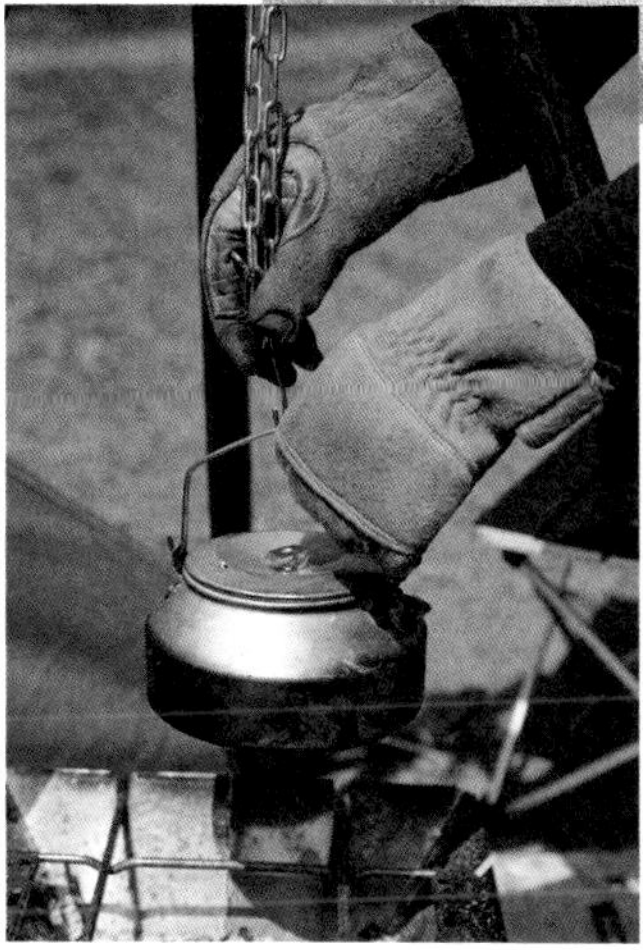

熱湯をキープしておくと何かと便利

焚き火をしている間、ケトルを火にかけて、すぐに熱湯を使えるようにしておく。飲み物を作るのはもちろん、食器洗いにも使えて便利。

必要な熱を生み出す必需品

火《ほ》口《くち》考

焚き火をする上で一番てこずるのが最初の熱量アップ。とくに冬場は気温が低いので、簡単に燃えて持久力のある火口をたっぷり用意しておきたい。

杉の葉

杉の葉は油脂分たっぷりでしっとり濡れていると煙が盛大に出るが、それでも燃える。乾いた状態では盛り過ぎに注意。

シラカバの樹皮

ナイフでこすると皮がふわふわに削れる。油脂分たっぷりなので長く炎を上げる。高原でシラカバの倒木を見つけたらラッキー。

倒木を見つけたら
迷わずGET

Point

お守り火口を用意する

いくら優秀な天然火口でも、雨上がりなどでは状態のいいものが必ず見つかる保証はない。クラフトやタープアレンジに使える麻ひも、鍋を洗うのに使うスチールウール、牛乳パックなどお守り代わりの火口も用意しておこう。（P17参照）

新聞紙
広げたままではすぐに燃え尽きる。てるてる坊主のように片側を軽くねじっておけば、ねじったところは持久力あり。
松ぼっくり
火口の代表。油脂分をたっぷり含んでいてよく燃えるし持久力もある。湿気ていると爆ぜることがあるので様子を見ながら使いたい。
スチールウール
ファイヤースターターで金属が火花を飛ばすように、スチールウールもじわじわ燃える。湿っていても問題なし。燃え残りは酸化鉄だ。
結構持久力あり
麻ひも
ほぐすのは大変だけれど、ふわふわで優秀な火口になる。ただし燃え尽きるのも早いので時間があるときにほぐしておこう。

火口に火をつけ、焚き付け、薪へと火を移していく。晴れていれば簡単だけれど、気温が低くて雨が降るという、焚き火の条件としては最悪な日はどうすればいいのだろう？

雨の日はどうする？

焚き付け集め

Point 濡れた樹皮をはいでみる

雨の日は、小枝を拾ったときに手で折ってみよう。乾いた音がしてパキッと折れたら内側は乾いているので、表面を削って焚き付けに。樹皮や削った木片は乾かして火口にしてもいい。

Point 雨の日・寒い日ほど火口と焚き付けをたっぷり用意

気温が低い秋冬や、夏でも雨が降るなど条件が悪い日は、燃焼に必要な熱をキープしづらい。火口と焚き付けは自分が思っている量の倍くらい集めておくと、落ち着いて焚き火に取りかかれる。

Point 乾いた焚き付けと濡れた焚き付けは分けておく

雨上がりのキャンプ場を見回すと、すでに乾いた小枝とまだ濡れたままのものが見つかる。濡れていても乾かせば燃料となるが混ぜておくと乾いた小枝すら濡れる。分けて持ち運ぼう。

乾いた小枝は最良の焚き付け

キャンプ場の通路の脇をよく見ると、小枝が落ちていることに気づくだろう。乾いた小枝は最良の焚き付けだ。寒い季節は夏キャンプのときより多い量を拾い集めよう。くれぐれも立木を折る、樹皮をはぐことのないように。

焚き火の温度

100℃～

薪から可燃性ガスが放出される

火に当てると薪の表面から水分が蒸発していく。薪の水分が抜けて乾燥したら、200℃近くからヘミセルロース、セルロースなどが分解。このとき、可燃性ガスが放出されはじめる。

260～300℃

薪が燃えはじめる！

260℃を超えると薪から放出された可燃性ガスに火がつく（青い炎）。この状態をキープすることで薪の炭化が進み、炭素の酸化反応で発熱（赤い炎）。さらに温度が高まり燃焼を続けていく。

500～600℃

薪が炎を上げる

煙もなく、炎を上げてよく燃える状態は500℃くらいから。ここまでくると安定して焚き火を続けられるので、焚き火の次の段階、より太い薪を追加しても大丈夫だ。

700℃～

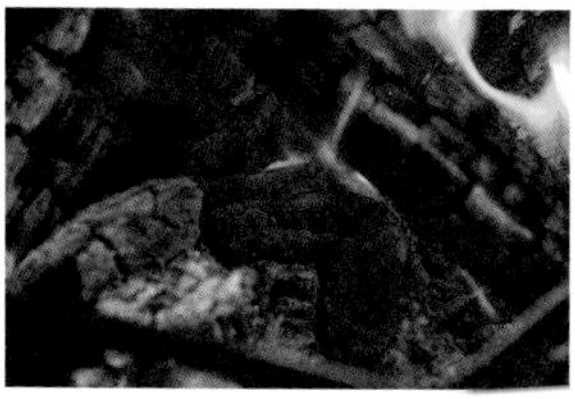

炎が落ち着き熾火となる

炎が出ずに、赤くテラテラと燃える熾の状態。少しくらい雨に当たっても消えることはなく、料理にも暖をとるにもいい感じ。ただ、炭よりも燃え尽きる時間は早い。

焚き火に必要な温度は260℃以上。冬は蓄熱の工夫が必要だ

乾いた薪に火がつかない、安定して燃えないときがある。焚き火をはじめるとまず煙が出るが、これは薪の水分や可燃ガス。可燃ガスが燃えてはじめて薪が安定して燃えるわけで、引火する温度は260℃～。焚き火はじめにむやみにいじると温度が下がるので、薪同士が広がりすぎないよう調整するにとどめ、風を送るのもやめたほうがいい。

いつ着火していつ消火？

焚き火の一生

火口から焚き付け、薪へと順調に火が移り、静かにテラテラと燃える熾。そのまま放置すると勢いが弱まり消えてしまうが、自然に消火させるにはどうすればいいのだろうか？

薪の種類と環境によるので余裕をもった時間を

焚き火の準備から着火、焚き火の利用、そして消火へと至るのが焚き火の一生だ。ガスの炎とは違い、薪の種類や量、気温、風の有無、そして焚き火台の大きさや形によって、焚き火が安定するまでの時間も灰になって消火するまでの時間も異なる。そこが焚き火のおもしろさであり難しさなのだ。

＼START!／

1

火口集め・焚き付けの準備

キャンプ場探検がてら、火口と焚き付けを集めに出発。秋冬キャンプ時は、初心者はちょっと多めに用意しておくと安心だ。

Point

調理はじめの30分前に焚き火スタート！

気温が低いと、安定した熾になるまでは結構時間がかかる。夏であっても調理をはじめる20～30分前、冬や雨の日なら30～40分前には焚き火をはじめるとスムーズ。

2

薪を組んで着火

少しずつ太い薪を加えていく方法もあるが、あらかじめ薪を組んで着火すれば太い薪がどんどんあたたまるし、寒い時期でも熱をためやすい。

30～40分

3

調理向きの熾になる

はじめに組んだ薪に、状態を見ながら焚き付けや細い薪を追加して火を育てていく。熾になったら料理と焚き火を楽しもう。

なかなか数値化できないが、無風でよく乾燥した薪であっても、火口に火をつけてから太い薪が燃えて安定するまで20分ほどかかる。調理など焚き火を利用する30分ほど前には焚き火に取りかかりたいものだ。

寝る前は完全に消火させるわけだが、焚き火台いっぱいに入れた市販の針葉樹が燃え尽きるのは60~90分、火持ちがいい広葉樹なら90~120分くらい。最後の薪1本をくべる時間の目安にしてほしい。

火の粉が飛んだり、薪が折れて焚き火台からこぼれると火災の危険があるので、くれぐれも火がついたまま眠ったり、目を離したりすることのないように。しっかりと冷ましてから眠りにつこう。

4

最後の薪をくべる

焚き火を楽しんだら、就寝や撤収の時間にすべての薪が灰になるようコントロール。薪と薪の距離を離すと早く消火できることも知っておきたい。

針葉樹は60分
広葉樹は90分

Point

最後の1本は終わりの1時間前に

焚き火の組み方、薪の種類と量、風の有無など条件によって異なるが、消火には時間がかかるので、少なくとも就寝・撤収の1時間前から焚き火しまいの準備に取りかかりたいものだ。

5

消火を確認

薪が燃え尽き、しっかり冷えていることを確認。灰になっても焚き火台は熱いままのことがあるので冷えるまで、やけどには十分注意したい。

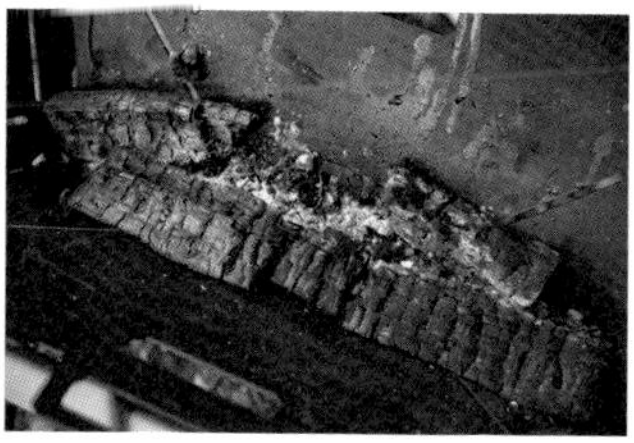

Point

完全に火が消えてから就寝

全体に灰になったように見えても、風を送ると赤い種火がちらほら。これでは火災の危険がゼロではない。ファイヤースターターのわずかな火から焚き火を生むように、小さな火も侮ってはいけない。

6

火種が残っているなら一本ずつ水に浸ける

すぐに片付けしたい場合はバケツにたっぷり水を張り、薪を1本ずつ浸して消火。焚き火台に水をかけるとギアが傷むので×。

小さく美しく力強い

焚き火術

薪の消費を抑えつつ、小さくても力強く、頼もしい炎が焚き火の理想だ。代表的な形の焚き火台を使い、理想の焚き火をするための薪の組み方例を紹介しよう。

リフレクターを使って暖かさ倍増 風もコントロール！

今人気の焚き火用風防は、風を防ぐほか、リフレクターとしても優秀。秋冬はリフレクターの反対側に座るとぽかぽか暖かい。

ディスク型焚き火台

適度に空気を入れる

フラットなディスク型焚き火台は下側からの空気供給をしづらいものがある。細めの薪を2本置いて空気の通り道を確保しよう。

両側に太い薪を置いて内側をじっくり燃やす

太い薪2本で熱をしっかり蓄える。写真は樹皮を外側に向けているが、樹皮を内側に向けるとより早く太い薪に火がつく。

ディスク型焚き火台 薪の組み方

細い薪を平行に置き、その上に太い薪を載せる。風の強さによって薪をハの字にしたり、ゲタの向きを調整したりしてもいい。

太い薪の間にたっぷりの焚き付けと火口を載せる。着火したら様子を見つつ焚き付けと細い薪を太い薪の間に追加して燃焼をうながす。

薪を平行に並べて チロチロと燃やそう

　薪を高く、多く集めるほど大きな炎になる。大きな炎はテンションが上がるのでアウトドアパーティーには都合がいいが、それをキープするためには薪がいくつあっても足りやしない。静かに過ごしたいソロキャンプや家族キャンプにはボーボーと燃やす大きな焚き火は不向きと言えるだろう。

　反対に、薪を積み上げず平行に並べると、火はさほど高く燃え上がらない。こう書くと頼りなく思えるが、小さくても力強く、焚き火好きから愛される火となる。

　キャンパーに人気のV型の焚き火台なら、中央に焚き付けと細い薪を置き、その両脇に2本の太い薪を置くだけで準備が整う。両脇にそびえる焚き火台の壁が風を防ぎ、しっかり熱をためるのですばやく着火できるのもいい。

　ディスク型焚き火台でも同様の組み方ができるが、薪の下に空気が届きづらい場合がある。細めの薪で下駄をはかせ、太い薪を持ち上げるようにすると立ち消えしにくい。

暖をとるなら最後に太薪を追加

ひとしきり焚き火を利用したら、最後に太い薪を真ん中に追加する。空気が適度に遮断され、真ん中の薪はゆっくり燃える。焚き火らしい炎は見えづらいが、じっくり暖を取れる。

深い焚き火台はすり鉢状に薪を組む

深型の焚き火台は薪を適当に放り込んでおくだけでもよく燃える。着火の手間がかからないのはいいけれど、薪の消費が早く、焚き火の世話が忙しい。かといって、なるべく小さな炎に抑えるために薪を平行に並べたいと思っても、深型ではそうはいかないのが悩みの種だ。

深型焚き火台

太くて長めの薪をすり鉢状に並べてじっくり燃やす

太い薪が重ならないよう、焚き火台に沿わせて立たせる。焚き火台が倒れない長さの薪を使うこともポイントだ。

深型の焚き火台は燃えすぎ注意

深型の焚き火台は下部から空気を取り入れると上昇気流が発生してよく燃える。薪を無駄に燃やすことのないよう焚き火をコントロールしよう。

そんな場合は合掌型（開き傘）をイメージし、薪を焚き火台に沿って数本置いてはどうだろう。

炎も煙も、薪の表面を伝って上へ向かう性質がある。薪を2本、3本と重ねるほど炎は力強く、また、合掌型（閉じ傘）のように立てるほど炎が高くなるのだが、深型焚き火台は熱をためやすく、ドラフト効果も得やすいので薪の本数を抑え気味にしても小さな炎で力強く燃えてくれる。

ディスク型焚き火台でも同様のことができるが、時間が経つと中心に向かって薪を押し込まないと立ち消えたり、薪がこぼれ落ちたりする。その点、深型焚き火台なら薪が途中でこぼれ落ちないのもうれしいところ。

深型焚き火台 薪の組み方

焚き火台の真ん中に焚き付けを置き、端のほうに火口をセット。ディスク型焚き火台に比べて焚き付けは少量でOK。

焚き付けの上に細い薪を置いておく。寒い日など火がつきにくそうな日は、さらに焚き付けと火口をこの上に置いてもいい。

太い薪を2〜3本載せ、この状態で着火。熱がこもりやすいのでとくに世話をしなくても太い薪に着火するが加えるなら細い薪から。

薪がくっついた場所に炎が集まる

薪を高く組む合掌型（閉じ傘。写真左）と、中央を低くした合掌型（開き傘）の変形を比べてみると一目瞭然。薪を高く集中させるほど炎が高くなり、薪同士を離して低く並べると炎が小さくなる。この特性を知れば焚き火料理の火力調整も思いのまま。

＼キャンプ場に聞いてみた／

「やりっぱなし」は絶対NG！

必ず守ってほしい焚き火のこと

みんなの焚き火の仕方、キャンプ場はどう感じてる？
サンタヒルズの中村郁夫さんに、キャンプ場目線のルールとマナーを聞いてみた。

焚き火の
ルール

まずは知って、そしてしっかりと守りたい代表的な焚き火のルール。「知らなかった」では楽しむ資格はない。

キャンプ場の多くは「器具を使用すれば焚き火が可」。そんななか、栃木県那須郡にあるサンタヒルズは「すべてのテントサイトで直焚き火が可能」という今では希少なキャンプ場。さらに宿泊施設でも、ウッドデッキを外した土間の部分であればOKという、焚き火好きに好評を得ているキャンプ場だ。そんな焚き火がしやすい環境を整えているサンタヒルズ。オーナー・中村郁夫さんに、焚き火のルールとマナーについて聞いてみた。

編集部（以下、編）：焚き火の際のルールとマナーは、キャンパーの間で度々話題になりますが、中村さんはどのように考えていますか？

サンタヒルズ中村さん（以下、サ）：分けて言うのであれば、ルールはキャンプ場側が守っていただきたいもの、マナーはお客様が自発的に考えて、行動するものではないでしょうか。焚き火のルールとひと言で言っても、そのルールはキャンプ場によってさまざまです。

けれど、絶対的な共通ルールがあります。それは「火事を起こさない」ということ。

豪快に火を使えるのがキャンプの魅力ですが、フィールドには燃えやすいものが多いですから。例えば乾燥した落ち葉や枯れ木のそばでは、焚き火台を使っていたとしても、あっという間に延焼してしまう危険があります。だから、こんな状態だと火が燃え広がるかも……ということを常に意識して焚き火を楽しんでほしいですね。これはルールでもあり、マナーでもあると思います。

編：焚き火後の原状復帰をルールにしているキャンプ場も多いですよね。サンタヒルズの場合は？

サ：**原状復帰は、ルールとして明記されていなくても基本的に行ってほしい行動です。**

「立つ鳥跡を濁さず」の精神で取り組んでもらいたいですね。

例えばサンタヒルズの直火サイトでは、炉で使うブロックを無料貸し出ししています。使用後はそれを戻し、サイトに残った灰や燃えカスなどを処理してきれいにするところまでやって、原状復帰となります。完全消火した状態であれば、灰捨て場に

キャンプにおける焚き火のルール

- ▶「火事を起こさない」焚き火をする
- ▶原状復帰は必須！
- ▶細かいルールはキャンプ場に確認！

灰や炭などが捨てられます。**じつは、焚き火のルール違反としては、圧倒的に「やりっぱなし」が多いんです。**

とくに炭の放置が目立ちます。原状復帰も共通ルール。使用後はきちんと元どおりにしておきましょう。

編：原状復帰をしない人が多く、直火が禁止になったキャンプ場もあると聞きましたが。

サ：それを言うなら閉鎖したキャンプ場もありますよね。本当に深刻な問題です。管理的な観点だけで言えば、正直、直火は禁止にしたほうが楽だと思います。原状復帰しない人もいますし、延焼のリスクもある。

けれど直火には、言葉にできないような魅力というか、人をひきつける力があります。何千年も前から続く、その原始的な佇まいがそう思わせるのかもしれません。私たちが直焚き火をOKにしているのは、そもそも自分たちが直焚き火大好き人間だから（笑）。この魅力をお客様にも感じてほしいと思っています。

編：では、実際にキャンプに行った際、どのようにすれば「いい焚き火」ができますか？

サ：**焚き火のルールについては、念のため、予約時やチェックイン時にキャンプ場に確認するのがおすすめです。**

表記されていない細かい決まりがあるかもしれません。そのほうが双方、より気持ちよく楽しめるはずです。

編：ありがとうございます。では最後に、焚き火好きに向けてアドバイスを！

サ：難しく考えてしまうかもしれませんが、ルールだけにとらわれず、「これをやっちゃうとお隣に迷惑かな？」「汚したままで帰ると、キャンプ場の人や次の人が大変かな？」というような**気づかい、心づかいがあれば、問題は自然と解決されていくと思います。**

そういう気持ちが、より豊かなアウトドアライフに繋がっていくと思いますよ！

サンタヒルズ
中村郁夫さん
2代目オーナーで愛称「スノーマン」。クリスマスをテーマにしたキャンプ場で、11～12月はイルミネーションやクリスマスイベントを開催！ クリスマス雑貨店も併設。
https://santahills.co.jp/

みんなが気持ちよくキャンプするために

覚えておきたい6つのマナー

キャンパーの間でも度々話題になる、焚き火のマナー。みんなが快適な焚き火をするにはどうしたらいい？　みんなが気持ちよく過ごせるための6つの提案を紹介。

焚き火の

マナー

楽しい焚き火をしたいなら、周囲への配慮をお忘れなく。「自分がその事態に直面したら」と考えて行動を。

落ち葉など燃えやすいものは避けておく

黄色い落ち葉のじゅうたんに映える焚き火の風景。雰囲気がよく感じるけれど、かなり注意が必要だ。乾燥した落ち葉は引火すると燃え広がりやすく、延焼の危険大。落ち葉が多い場所では焚き火を控えるのがいいだろう。区画サイトの場合は、焚き火台を中心に広い範囲で落ち葉を避けておく、また風向きによっては焚き火を控える。周囲を見渡して、しっかり判断しよう。

火を大きくしすぎない

焚き火をしていると、薪をどんどんくべて炎を大きくしたくなる。けれど大きな炎は火の粉の量も増え、自分だけでなく、近隣サイトのテントやタープなどに穴をあけてしまうことも。さらには近くのものに燃え移ってしまう可能性も大だ。トラブルの原因にもなりやすい。焚き火は、焚き火台などの器具からはみ出さず、自分が制御できる大きさで楽しむのがマナーだ。

煙を近隣サイトに直撃させない

焚き火をしているのだから多少の煙は仕方ないけれど、あまりに大量の煙が自分のサイトに直撃したらどうだろう？　煙たいし、目が痛くなるし、あまりいい気持ちはしないはず。だから焚き火は風向きを考えて行うのがマナー。また薪の乾燥が不十分だと、火にくべたときに煙が大量に発生する。そんな薪があたったら、すぐに焚き火台のそばに置き、火の力で乾燥させよう。

木の根元で焚き火をしない

とくに枯れ葉や枯れ枝のある木のそばで、焚き火をするのは避けよう。火が燃え移るなどの事態を防ぐのには当然のことだが、他にも理由はある。これらの木だってキャンプ場の大切な資源だからだ。延焼してしまった木は、二度と元には戻らない。そんなことにならないようにキャンプ場へ配慮するのも、マナーのひとつだ。

就寝時間までに焚き火しまいを

さて寝ようと思ったときに、タイミングよく焚き火が消えることはあまりない。できればすべてを燃やし尽くして終わるのが、焚き火のベストな終わり方。就寝時間までに焚き火しまいができるよう、薪や炎の加減を調整しよう。また、夜に薪を割る音はかなり響く。キャンプ場が設定した消灯時間までに焚き火を終わらせるのがマナーだ。

ゴミを燃やさない

焚き火だからといって、なんでも燃やしていいわけではない。なかにはキャンプ中に出たゴミを燃やす人もいるけれど、ものによっては黒い煙が大量に発生したり、悪臭が漂ったり、近隣サイトに迷惑がかかる。また紙類のゴミを燃やすと灰が大量に発生し、風で散らばっていくことも。周囲のキャンパーが嫌な思いをしないよう、配慮が必要だ。

焚き火好き家族だけのとっておき!

炎を囲む 秘密の裏山キャンプ

ネイチャークラフト作家・長野修平さんの工房裏には、スペシャルなキャンプサイトがある。子どもたちが成長し、なかなか全員そろってキャンプへ出かけるのが難しい今、家族で焚き火を囲む、貴重な場所だ。

PHOTO／逢坂聡　TEXT／大森弘恵

長野家のキャンプに欠かせないのが焚き火とベーコンだ。肉の腐敗と熟成は紙一重。焚き火で燻す時間や熟成させる温度の調整など、ベーコン作りはすべて長野さんの勘どころが勝負。

準備と片付けは家族みんなで。自分ができる範囲で行っている。

フラットな場所には限りがある。張り綱のテンションをかけづらい場合は、木をペグがわりに。

今夜は裏山に集合！ みんなで焚き火をしよう

ランタンは必要最小限にするのが長野家流。

秋冬のキャンプでは、薪ストーブも用意。コットン製の煙突穴付きテントの中に入れて、あたたかく過ごしている。

テントは母娘の寝室だが、眠りにつくまでは家族のリビング。

プライベートサイトでいつでも焚き火

全国各地で開催されるクラフトワークショップへ飛び回る長野修平さんは、都合が合う限り家族といっしょに現地へ向かっており、仲睦まじいファミリーキャンプの目撃談が寄せられている。

長野さんの自宅兼アトリエの裏山には、焚き火ができるキャンプサイトがある。ここで時折、家族キャンプを楽しんでいるのだ。

「火や刃物は危ないから、近寄るな」と子どもから遠ざける親もいるが、長野家では一緒に近づき、焚き火やクラフトを行うことで、子どもたちに正しい火の扱い方を身につけさせたそう。

「この裏山キャンプ場では、家族で焚き火をすることもあるし、子どもだけでビバークしたこともあります。最近は友だちを呼んで、子どもだけの女子キャンプをしていますね」

当然、眼下には自宅がある。裏山にはトイレを設けているので、自宅に戻らなくても過ごせるし、もし急用が入ったらすぐに現実に戻れる。それに、この日は午前中に友だちと約束があった長女の朱里ちゃんが午後から合流。個々の都合も優先できるというわけだ。この距離感がうらやましい。

自宅はすぐそこ。1分もあれば忘れ物を取りに帰れる。

SITE LAYOUT

キャンプサイトの中心は直火。どこからでも炎が見えるように配置

ロープの先に薪を結び、高い枝に引っかけてタープを張る。メインポールとその張り綱がなくなるので、焚き火まわりがスッキリ。夜でも張り綱に引っかかることがない。

POINT 3

直火

焚き火台を使うよりは、地面に薪を並べる直火のほうが好きな長野家。裏山キャンプ場では当然、石を囲んで焚き火場を作る。

POINT 2

長野さんはタープ泊

焚き火に強いコットン製タープにコットを入れる。入り口のそばには、かがり火を置くこともあり、揺れる炎を眺めながら過ごすのは至福。

POINT 1

リビング兼母娘の寝室

年頃の娘たちと奥様である深雪さんはテントの中で就寝。コットを入れて、靴のまま自由に出入りできるようになっている。

TOOLS

思い出深い **ハンドアックス**

写真は、モーラナイフのアンバサダー仲間であるデイブ・カンタベリーから贈られたアックス。自宅やサイトでの薪割りに。下はベアボーンズのオノで、直線的なハンドルが持ち運びやすく、軽いので山に入るときに使う。

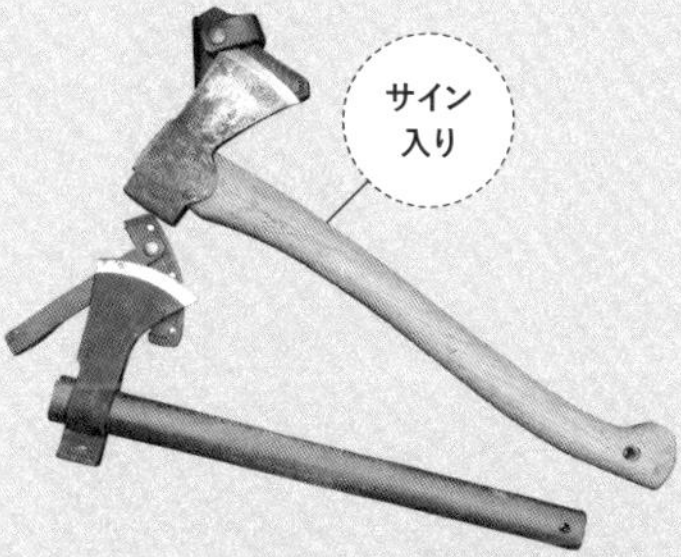

焚き火をあやつる **自作火吹き竹**

トングは太い薪用、細い薪用、リフターにもなるトングの3つを使い分ける。火吹き棒にもなる火かき棒はおもしろい道具だが、やはり自作の火吹き竹で、細く長い空気を送るのがメイン。

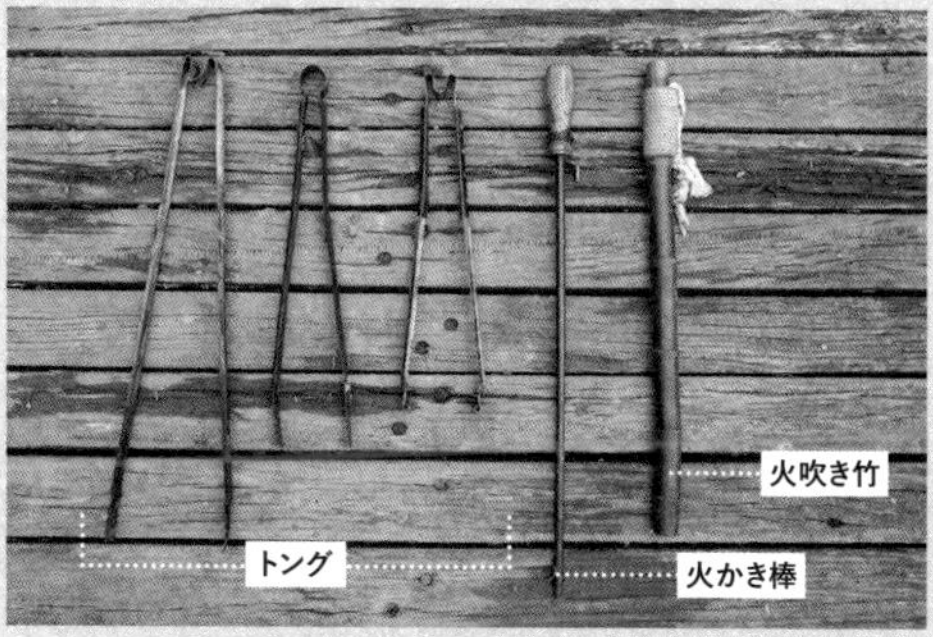

家族の一大イベントに欠かせない **薪バッグ**

長野家のキャンプでは、薪は買うものではなく、現場で集めるもの。長野さんは自作の薪スタンド兼薪バッグを肩にかけ、家族は布製やビニール製の薪バッグに、入れられるだけの薪を集めてくる。

直火ができないキャンプ場では？

ベーコンを炙るには大きい焚き火が必要なので、キャプテンスタッグのラウンドファイアピットを使用。オンウェーの焚火台は気軽に焚き火をするときに。どちらも広げるだけで準備できる。奥は福井のガレージブランドの吊るす焚き火台で、かがり火としてタープ前に置く。

薪ストーブ対応テントを用いる上級者仕様の焚き火キャンプ

最近、友人から贈られたという焚き火対応タープ。その下にコットを置いて、焚き火や小さなかがり火を眺めながら横になって過ごすスタイルが、長野さんのお気に入り。

コットは寒そうに思えるが、その上にフィンランドで購入したトナカイのラグを敷く。驚くほど冷えを防ぐし手触りが抜群によく、このラグは家族にも大好評なのだとか。

「今あるラグは1枚だけなので、毎年1枚ずつ増やそうかな」

タープの下だと、焚き火やかがり火の火の粉で寝袋に穴が空く心配も。

「寝袋の上にウールのブランケットをかけます。ウールは火の粉に強いですから」

ROOM LAYOUT

コットン製のテントを活用した
火を身近に感じるサイト空間で
家族団らんの時間を。

限られた場所を有効活用した快適な家族キャンプスペース

家族の寝室としてコットン製ワンポールテント、ウィークエンダーを建てた。寒い時期はこ

コンパクトでテントに入れやすい薪ストーブ

テント内にインストールするために設計されている小型の薪ストーブ「ロキ」。窓を開ければ炎が見えるし、本体上部がフラットなので、飲み物の保温や煮込み料理にも役立つ。子どもたちも薪ストーブの扱いは慣れたもの！

※テント内での火器使用は、思わぬ火災や一酸化中毒などの危険があります。
専用の道具を正しく使い、使用時は定期的な換気や一酸化炭素チェッカーを用意するなど十分な対策をしましょう。

の中に薪ストーブ「ロキ」を入れる。薪ストーブを中心に、コットに座れば団らんにも役立つスペースとなる。ちなみに、薪ストーブは本体だけでなく煙突も非常に高温になる。テントに薪ストーブを入れるには、きちんと熱対策を施した煙突ホールが不可欠だし、いくら通気性のいいコットン製テントでも定期的に換気する必要がある。見よう見まねで手持ちのテントに入れると事故のもと。くれぐれも注意してほしい。

さて、この裏山キャンプ場は、テントとタープと焚き火場が収まる広さだが、決してゆとりがあるわけではない。タープはメインポールを使わず、ロープを高い枝にかけて固定。限られた場所で焚き火をしても、移動のストレスや危険がないようにレイアウトしたのは、見事というほかない。

焚き火対応テントで
安全を確保する

コットン製の大型ワンポールテント「ウイークエンダー」。上部のベンチレーターはフルオープンにも落ち葉よけのメッシュにもできる。干渉しない位置に煙突を通すためのフラッシングキットを取り付けており、高熱対策は万全だ。

{ COLUMN 1 }

家族の趣味は薪割りと着火!?
自宅の暖房も薪ストーブ

長野さんの自宅1階は、土間とダイニング&キッチン、リビングがひと続きになったゆったりした空間で、土間に薪ストーブを設置。吹き抜けなので2階、3階もこれだけで暖まる。炎を利用して調理をすることも珍しくない。気になる手入れだが、煙突がストレートなので2年に1回、天窓から屋根に出て、専用の掃除用袋を通すだけ。煙突が曲がっていないので、思ったよりも楽だとのこと。

薪ストーブの燃料となる薪の準備は主に長野さんの役割で、出張前にはかなりの量を用意しておくそう。また、朱里ちゃんは通学前に薪割りをして、スパッと割れた日は「今日はいいことがありそう」とおみくじがわりにしていたことも。薪割りといえど、趣味にもなり得るようだ。

身近なものを徹底利用、なければ作るのが長野家のルール

この夏、裏山で大きくなりすぎた木を伐採。使いやすいよう切り分けていたなかから3本を選びトライポッドに。流木を利用してもよさそう。

木はたっぷりある
山の恵みから道具を作ろう

モノ作りを生業とする長野夫妻だから大抵のモノは自分で作る。食器やファニチャー、ランタンなど、長野家のキャンプ道具は手作り作品で満ちている。

当然、今回作ったトライポッドはお手の物。まっすぐの木を3本も探すのは至難の業に思えるが、多少ゆがんでいても、綿ロープで結ぶ部分さえ平行にそろっていれば大丈夫。ここを起点に、長さをそろえればいいというのだ。

「枝などは少し曲がった部分があるものの方が好き。そこにトングなんかを引っかけられるし、分かれた枝が長すぎて邪魔なら切ればいいんです」

焚き火に欠かせない、長野流トライポッド術

1 枕木を置き、その上に木を並べて並行になる部分を探す。ここがロープを結ぶ位置なので木は動かさない。ロープは綿製だと締まりがいい。

2 ロープを結ぶ位置からほぼ同じ長さにそろえる。ノコギリで切るより、ナタやオノでとがらせるよう削れば地面にしっかり固定できる。

3 枕木にのせておくとロープを木の下に通しやすい。真ん中の木にまき結びでロープを固定したら、8の字を描くように左右の木に巻き付ける。

4 緩まないようきっちり8の字に巻き付け、ロープの幅が木の直径と同じくらいになったら、木と木の間にロープを割り入れる。

5 もう片側の木と木の間も割りを入れたら、もう一度しっかり締め、最初に巻き結びにしたロープの端と、反対側のロープを結んで固定する。

6 木を立てて、広げるとトライポッドの完成。緩みがないか、もう一度確認しておこう。最後の結びは蝶結びだと片付けやすい。

知人からもらったエゾシカの角が、ケトルを吊るすフックとなる。角は焚き火にかけても黒くなるだけで、燃え上がることはないため、フック代わりにちょうどいいのだそう。

コーヒー豆と小さなケトル、塩、家族分のククサをまとめたコーヒー専用オカモチ。もちろん長野さんの作品で、これさえあればどこでも焚き火コーヒーを楽しめる。

{ COLUMN 2 }

焚き火のお供「焚き火コーヒー」

大のコーヒー好きと知られる長野さんだから、焚き火の間中、ケトルをかけていつでもコーヒーを飲めるようにスタンバイ。最古の焚き火コーヒーといわれるレンメルコーヒーを、自作ククサに注ぐ。コクをだすための塩も忘れずに!

焚き火場を作って火とともに過ごす

雨上がりや雪の中など湿気の多い環境では薪に火がつきにくい。薪を手で折り長さをそろえつつ、内側が湿っぽい薪を地面に敷き詰め、その上で焚き火の準備をするとスムーズに進行する。

火口と小枝をティピィ状に重ねる

よく乾いた葉っぱや極細の枝をふんわり置き、その上に小枝をティピィ状に重ねる。長さと太さをそろえておくと、崩れず、きれいなティピィ型をキープできる。

ティピィ型とはいうものの、反対側から見るとこんな感じ。一方向を開けておき、この中に火種を突っ込めるようになっている。

長野流・ファイヤースターターでの着火術

マッチやライターとは違い、雨天や気温が低い環境でも火種を作れるファイヤースターター。エンターテインメント性も高いので、着火法を覚えておいて損はない。

フラットな薪の上に、ほぐした麻ひもなどの火口をこんもりと置く。火口の手前に足を置き、甲にナイフを持つ手を置いて固定させる。

ナイフの背にファイヤースターターを添え、その手をすばやく引くと、火口に向かって火花が出る。

燃える火口は台にした薪ごと動かし、準備しておいたティピィ状に組んだ薪の中に入れる。トングがなくても安全に炎を移せる。

焚き火を積極的に利用する

焚き火を使って器を作成

焚き火彫りは、焚き火好きなら誰もが取り組みやすいクラフトのひとつ。くぼみをつけたい場所に熾をのせて空気を送りつつ炭化させる。フックナイフやノミを使わなくてもカップを作れる。

炭をかき出す

炭化した部分を、金属製のスプーンなどでこすり落とす。熾で炭化させ、こすり落とす……を繰り返し、最後にアウトラインを整えれば皿やカップのできあがりだ。

燃やし尽くしたら石を集めてやけど対策

写真後方を見るとわかるが、裏山ではいろいろな場所で直火をしているのに、その跡はまったく見当たらない。片付けのポイントは、①直火をした後は、灰や燃え残った薪を取り除き、石と地面にたっぷり水をかける。②囲んでいた石を中心部にまとめる、のふたつ。②の理由は「ここで焚き火をした」という印で、万一、熱が残ってしまった場合、ここを歩いてやけどをしないため。

多くのことを教えてくれる焚き火

子どもたちとは、焚き火を使った器作り〝焚き火彫り〟も楽しんだ。くぼみを作りたい場所に炭を置き、炭化させればいいので、刃物の扱いが苦手な人でも取り組みやすい。ナイフなしでもカップを作れるので、ファミリーキャンプに取り入れたい焚き火遊びのひとつだ。

自分で作れば愛着がわくし、作業に慣れればアレンジしてより使いやすいモノを作れるようになる。焚き火やキャンプを通して学ぶものは計り知れない。

{ COLUMN 3 }

焚き火のお供「自家製ベーコン」

焚き火とベーコンは長野家キャンプのアイコン。塊肉を焚き火に吊るすと、多くの人が興味津々で語りかけてくるそうで、キャンプやワークショップでのコミュニケーションツールにもなっている。

あらかじめ塩漬けしておいた肉を、1時間水に浸けて塩を抜く。バットに水をためた塩抜きは流水よりも塩味が濃く、保存性が高い。水道を占拠できないキャンプ向きでもある。

炎が当たらないよう、熾の上に肉を吊るす。このまま2～3日焚き火にかけたら、冷蔵庫や常温で熟成させる。完成したベーコンはキャンプの味。焚き火コーヒーとの相性もいい。

Chapter 2

焚き火料理

焚き火はただ燃やすだけでなく、
調理時の熱源となる貴重な存在。
慣れないうちは火加減の調節は難しいが
だからこそ、焚き火料理はおもしろい。
豪快な味わいを堪能しよう。

焚き火愛好家たちの

とことん食べ尽くす焚き火旅

アウトドア好きが集うカフェ「BASE CAMP」。
店主であるA-sukeさんがスタッフとともにキャンプ場へ。
焚き火を囲むときはみんな平等。思わぬ本音が出ることも少なくないという。

信頼する仲間の本音を引き出す焚き火のパワー

東京のど真ん中、水道橋にアウトドアをテーマとしたカフェがある。カフェの名は「BASE CAMP」。『ガルヴィ』をはじめ、いろいろなメディアで野外料理やアウトドアの知恵を執筆するA-sukeさんの店だ。

店を手伝うスタッフも当然、キャンプ好き。とある秋の休日、スタッフとともにキャンプに出かけると聞き、同行した。

A-sukeさんたちのキャンプは、それぞれが道具を用意するソロキャンパーによるグループキャンプ。キャンプビギナーで道具が足りない場合は、誰かが貸すこともあるという。

さすがというべきなのは、キャンプ料理の充実度だろう。プロの料理人が生み出すのは繊細かつ焚き火ならではの豪快料理。

Team BASE CAMP
PROFILE

A-sukeさん

カフェ「BASE CAMP」店主。キャンプからフライフィッシング、狩猟までアウトドアの知識が豊富で、『ガルヴィ』ほかメディアでは、理論だてた説明が好評だ。

ミヤっぴさん

農園コンサルタント、発酵クリエーター。「農キャンプ農ライフ」代表であると同時に、週1で「BASE CAMP」をフォローする。狩猟、釣りほか興味の幅が広い。

オギさん

藍染めユニット「トシュカ」として全国各地でワークショップを行いつつ、空いた時間に「BASE CAMP」をお手伝い。ソロキャンプ歴は長く、レアな道具を見つけるのが得意。

ナナさん

「BASE CAMP」スタッフ。キャンプ歴は浅めだが、A-sukeさんたちとキャンプや釣りに出かける頻度は高く、着火や道具の扱い方は迷いがない。

(右) みんなで囲むための焚き火台はA-sukeさんが用意する。「バイオライトのファイヤピットやキャンプストーブ、スノーピークの焚火台は各サイズを持っているけれど、結局、準備も片づけも簡単な焚火台Lに決めました」(A-sukeさん)。着火は自身で行っていたが、あとは気づいた人が焚き火の世話をする。
(左) リビングの中心は当然、焚き火。いつもみんなが同じことをするのではなく、好きな時に寝ていいし、自分のしたいことをすればよし。自由だ。

このときばかりは店内さながら、スタッフがA-sukeさんをフォローしつつ、作業が進む。

もちろん、この日はみんなの休日であり、焚き火を前にくつろぐ時間は「店主とスタッフ」という関係が薄まり、フラットになる。ちょいちょい軽口が飛び交っているのがおもしろい。

不思議なことに、焚き火には本音を引き出す効果がある。信頼する仲間とならなおさらだ。今回集まった4人は、年齢やキャンプ歴、そしてバックグラウンドも異なっており、いくら日々をともにする仕事仲間であっても、お互いを理解するには時間を要する。ところが、都合の合うときにみんなでキャンプに出かけ、焚き火をすることで絆が強くなるという。これも焚き火の効果なのかもしれない。

A-sukeさんたちのキャンプを見ていると、そんな不思議な力をヒシヒシと感じる。

ミヤっぴさんが麻ひもをほぐして着火を手助け。麻ひもを巣のように形作り……となかなか手間をかけている。

料理は焚き火とバーナーを併用。じっくり煮込みや保温はトライポッド+焚き火で。

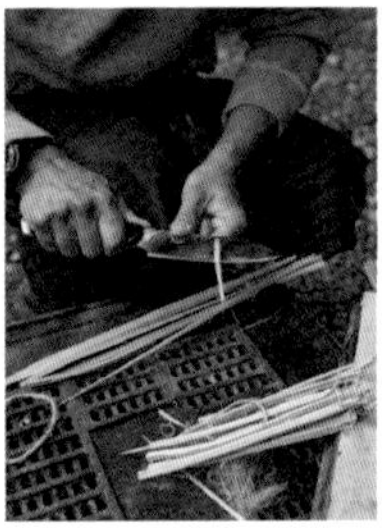

今回のキャンプでは、雨続きで湿気を帯びた薪しか手に入らなかった。火を育てるのに少々手間取る場面もあるが、それもご愛嬌。

焼き芋、焼き魚、煮込み、ステーキなど、A-sukeさんから料理名を聞いたらそれぞれが準備をしていく。“お客さん”は誰もいないのがステキ。

翌日の朝食もこのとおり。焼き魚を散らしたサラダ、ほんのり甘いサツマイモサラダ、ホットサンドなど前夜の食事をリメイクし、食材をむだにしない。

焚き火料理の完成。あらかじめ用意しておいた魯肉飯も並ぶという豪華ディナーだ。

それぞれのこだわりを感じる

愛用の焚き火ギア

焚き火台の大きさや周辺で使うアイテムなど、使っている焚き火ギアを見れば、その人がどういう焚き火が好むのかが見えてくる。トライポッド、焚き火対応の鍋、焚き火用ゴトクなど料理に便利な道具や、ライターを使わないこだわりの火起こしアイテムなど、それぞれの愛用品を拝見。道具選びの参考に。

A-sukeさんの焚き火道具

焚き火テーブル、ロッジのダッチオーブン、ステンレスヘビーポットGORA、金串、鉄製トライポッド、スノーピークの焚火台L、コフランのホットサンドメーカー、ココパン、テンマクデザインのキングトング、パーセルトレンチ。

中空ゴトクの元祖パーセルトレンチ

焚き火用グリルであり、ゴトクとしても使えるパーセルトレンチのパッカーズグリル。見た目は重そうだが中空ステンレスのため非常に軽い。類似品もあるが、漂う品格と哲学は元祖ならでは。

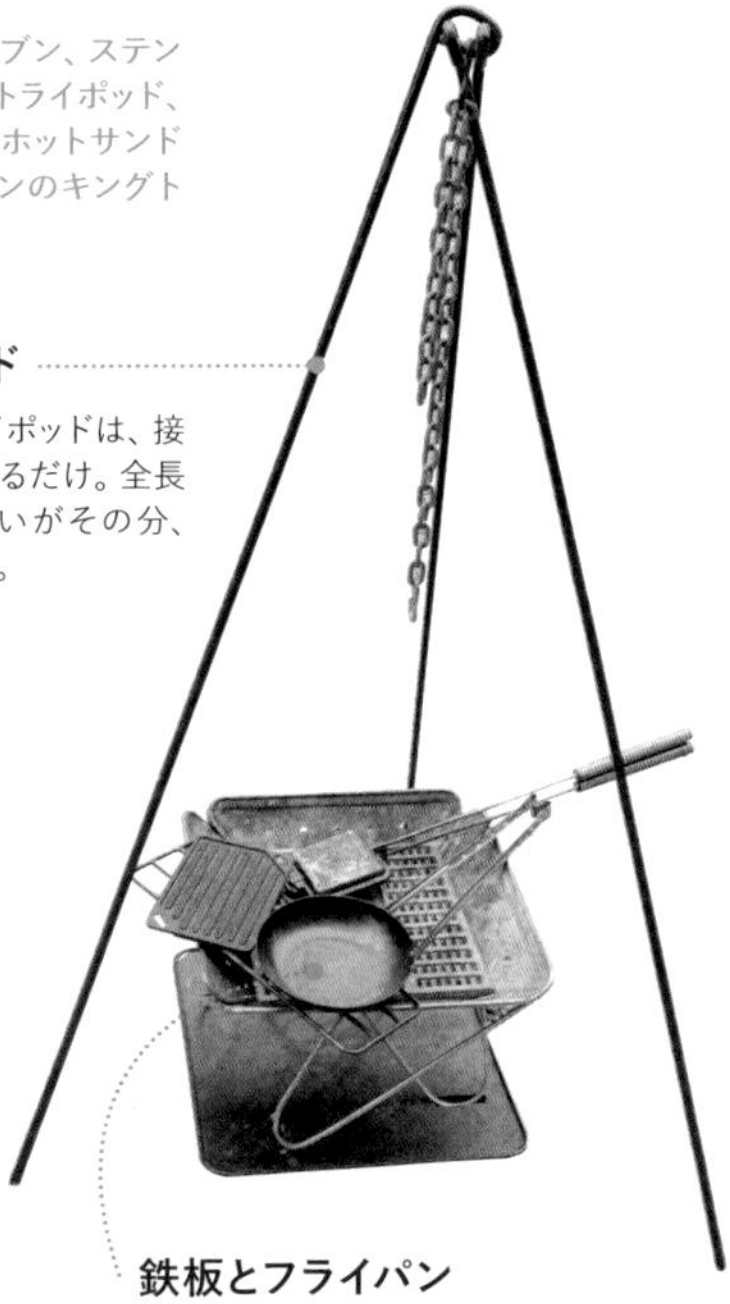

トライポッド

ロッジのトライポッドは、接続不要で広げるだけ。全長は短くならないがその分、安定感がある。

高火力対応の鍋

ロッジのダッチオーブンとSOTOのGORAは、長時間、焚き火にかけてもゆがまない。

鉄板とフライパン

肉を劇的にうまく焼ける男前グリルプレートと、鉄製のココパン。どちらも焚き火対応かつ取っ手がなくて持ち運びやすい。

結局、シンプルな焚火台が使いやすい

コンパクト収納ができても、細かなパーツを組み立てるのは面倒。スノーピークの焚火台は広げるだけで準備完了。灰を捨てた後は逆さまにしてパタパタと開閉するだけで、細かな灰が落ちるので時短に役立つ。

ダブルテーブルにすれば熱々の鉄板を載せられる！

モンベルのマルチフォールディングテーブルワイドの上に、SOTOのフィールドホッパーを載せたダブルテーブル。火から下ろしたばかりのGORAや、男前グリルプレートくらいならそのまま載せられるのが便利。

ミヤっぴさんの偏愛焚き火道具

左からバイオライトのスティックスナッパー、ブラジルのホットサンドメーカー、ファイヤーピストン、チャークロスと麻ひも、ナイフ大小。注目は、ディーゼルエンジン発明のヒントになったといわれるファイヤーピストンだ

スティックスナッパー

バイオライトのキャンプストーブは長すぎる薪が入らない。これは薪を折るための道具。「ちょっとしたリフターとしても使えます」。

ファイヤーピストン

ハンドルを押し込むことで、中に詰めた火口（おもにチャークロス）に灯がともる、不思議な着火装置。

火口と補修キット

100均のケースに、ほぐした麻ひも、チャークロス、補修用のゴムパッキンやグリスを収納。ファイヤーピストンとセットで持ち歩く。

実用的なのか!? ファイヤーピストン着火術

ファイヤーピストンは、半透明の筒と棒に分かれている。棒の先端に火口を詰めて、筒にセットしたら準備完了だ。板に載せてまっすぐ筒を押し込むと、内部の空気が圧縮され、中のチャークロスに火がつく。これをほぐした麻ひもに移し替えるのだが、少しでも空気が漏れると火がつかない。

オギさんの藍染めカスタム

左から鉄板、グローブ、鍋敷き、多機能ナイフ、火ふき棒、ナイフ、エスビット、トング、トーチ、焚き火台。藍染め作家のオギさんは、布やレザーを藍染めでカスタム。定番の白いグローブもこのとおり、オシャレ度アップ！

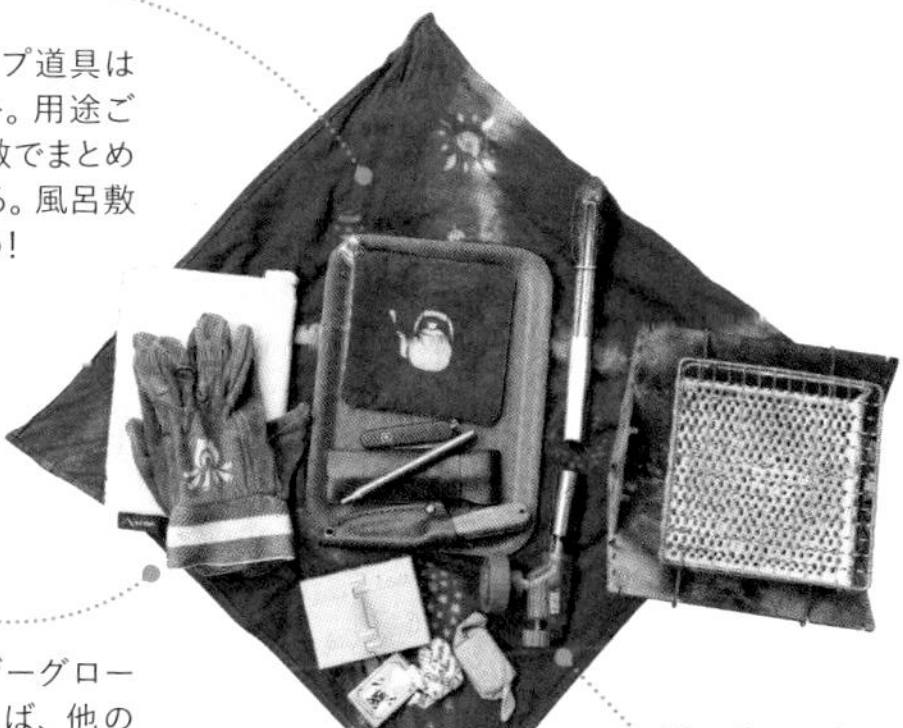

風呂敷

オギさんのキャンプ道具はどれもコンパクト。用途ごとに道具を風呂敷でまとめて持ち運んでいる。風呂敷はもちろん藍染め！

グローブ

よくある白いレザーグローブを藍で染めれば、他の人のものとまちがえることがない。焚き火模様部分は、イラスト部分の藍を抜くことで白くなる。

ガストーチ

オギさんが最初に購入したキャンプ道具が、カセットガスを装着するトーチ。焚き火の補助として、今もたまに出動しているそう。

複数人が過ごしても快適な

キャンプサイト作り

この日のようにソロキャンパーが集うキャンプの場合、とくに重要になるのが生活の中心となるリビング空間の作り方。各ソロテントとの距離、小物の保管場所、雨への備えなど、全員が快適に過ごすためのテクニックが満載だ。便利な共有の場所となるサイト作りのコツを見てみよう。A-sukeさん流の刃物を使い分けた焚き火の準備も要チェック。

❺ ミヤっぴさんのテント

各自がそれぞれのテントに潜り込むので、気疲れなし。寝言を聞かれる心配も減る。

❻ ソロテント

テントを持っていないナナさんのために、A-sukeさんがソロテントを手配。

❸ 大焚き火台

A-sukeさんが用意した焚火台Lは主に料理で使用する。

❹ 小焚き火台

ミヤっぴさんが持ってきた小さなピラミッドグリルは、鑑賞+調理の補助用。

❶ A-sukeさんテント

自身がプロデュースしたコットン製のテンマクデザイン／男前タープとニンジャネストで、焚き火を眺めながらゴロリ横になれる。

❷ みんなのリビング&キッチン

雨予報が出ていたので、安心して過ごせるようツインピルツをリビングに。念のため、ツーバーナーを設置したキッチンも設置。

POINT

小物はまとめて保管

基本的に、自分の道具は自分で保管するのが鉄則。だが、遊び道具など、みんなで使う道具はシェルフを用意して、そこにまとめて管理。小物がすぐそばにあるので、道具談義に花が咲くという効果もある。

POINT

雨に備えた大型シェルター

晴れが続くようであればタープだけでいいが、秋〜冬の雨は冷えてしょうがない。ツインピルツを用意すれば雨でもみんなで過ごしやすい。全員の荷物をさっと格納できるのがいい。

POINT

リビングを囲むソロテント

各自のテントの入り口は、焚き火に向けて設営する。これならテントで休みながらも、仲間の様子をうかがえるので、協力しあうような作業に遅れることがない。もちろん、ひとりで先に寝てもOKだ。

刃物を使い分けて薪を準備する

市販の薪をそのまま使うよりも、刃物で長さや太さを調整すると手際よく焚き火ができる。刃物によって得意な作業が異なることを知っておこう。

薪を細く割る

ナタ◎　オノ◎　ナイフ○　ノコギリ×

1本の薪から複数の細い薪を作りたいときは、厚みのあるナタとオノの出番だ。太くて硬い薪は、刃の重みを利用できるオノのほうに分があるが、キャンプ場で市販されている薪なら、小型で扱いやすいナタで十分。ナタの場合、刃を振り下ろすのではなく、薪に刃を当て、別の薪で上からタタキ割る。刃の厚みが5mmほどのフルタングナイフなら、同様の方法で割ることができる。

刃の根元を薪に当てる

刃物は先端にいくほど薄くなっているので、なるべくハンドルに近い根元を薪に当てて、上からたたくといい。ナタもナイフも同様だ。

板を敷いて刃を保護＋力のロスを減らす

地面に薪を直接立てると、せっかくの力が地面に吸収されてしまう。うっかり刃が当たることがないように、大きな石をよけ、板を敷いておこう。

節がある薪を無理に割ろうとすると、刃こぼれの原因になる。節が通っている方向を考え、節を避けて刃を当てよう。年輪と平行に刃を当てなくてもいいのだ。

薪を薄く削る

ナタ◎　オノ△　ナイフ○　ノコギリ×

松葉や樹皮など火付きのいい火口を集めようにも、雨上がりで乾いたものが見つからないことがある。そうなると薪を薄く削って火口を作るわけだが、これは刃が薄めのナイフやナタの領分だ。長く、薄くそいで焚き付けを作る場合は、刃が薄くてもしっかりとしていることが重要。刃に体重をのせるようにして削ることができるのだ。写真はA-sukeさん提案の刃物、キャンプホリックナイフ。

体重をのせる

薪の上に覆い被さるような姿勢で、刃物に体重をかける。薄く削いでもぶれることはなく、また力も最小限で済む。

刃の先を使う

薪を割るときとは違い、刃の薄い先端に近い部分を利用。刃の先端に近い部分を使えば、より薄く削ることができる。

薪を短く切る

ナタ△　オノ△　ナイフ△　ノコギリ◎

小型焚き火台用に薪を短く切る場合は、ノコギリが一番楽。あえてナイフを使う場合は、斜めに刃を入れてくさび型に削っていき、最後に折る。

カフェ店主らしく、料理にはとことんこだわるA-sukeさん。その焚き火調理術は、とてもよく考えられている。鉄板、串、ダッチオーブンなど、さまざまな料理を焚き火台ひとつで調理。適した調理器具を用いて、火の強弱や炎との距離を自在に操る。

効率的な調理を実現する

炎を使いこなす調理術

POINT

魚は遠火でじっくり炙る

本来の使い方とは異なるが、焚き火台の穴に串を打った魚を立てて、じっくり火を通す。ふっくらとした身はほのかにスモーキー。

POINT

串の2本刺しで食材が安定

串焼きは、食材が回ってうまく焼けないという声があるが、これは串を2本以上使うことで解決する。片側を広げた扇状に打つと美しく、持ってひっくり返しやすい。また、魚は泳いでいる姿を再現すると、料亭のような仕上がりになる。

POINT

鉄板焼きも串焼きも熾火が基本

焚き火で料理をする際は、炎がゆらゆら立っている状態ではなく、炎のない熾火がベスト。熱量が安定し、ススが食材につかずにベストな状態で焼きあがるのだ。鍋や鉄板を使う場合も同様で、熾となった場所に置くといい。

POINT

焚き火の片付けにもダッチオーブン！

火消し壺の代わりにダッチオーブンを使うのがA-suke流。もともと灰は石けんの原料として使われていたので、理にかなっているのだ。

薪を散らして灰にする

焚き火の終了時間を計算し、薪を燃やし尽くすのが基本。元気に燃えている薪も、散らして単独にすることで燃焼に必要な熱量を減らせるのだ。ほぼ灰になったが、途中で立ち消えしたものは灰ごと持ち帰る。

薪と灰をダッチオーブンに入れて持ち帰る

灰捨て場がない場合は、ダッチオーブンに入れてからテントなどの撤収に取りかかる。ダッチオーブンなら密閉できて確実に消火できるし、撤収の間に冷えて安全に車内に入れておける。

A-sukeさん流の着火術

古今東西、いろいろな着火術があり、いろいろな人が焚き火の手順を紹介している。多様な着火法を試したA-sukeさんがたどり着いたのが、コレだ。

＼この着火方法がヒント！／

❶ 枕木に焚き付けを立てかける

1本の太めの薪を枕木とし、そのすぐ脇に火口を置く。割り箸くらいに削った小枝を枕木と火口の上に立てかけていく。小枝は方向をそろえておく。

❷ 薄く細い木を加える

薄く削った木を数本、小枝の上に載せたら、火口に火をつける。火のついた小枝を潰さないよう、薄い木を枕木に立てかけながら薄い木に火を移す。

❸ 太い薪に火を移す

薄い木に火がついたら、徐々に太い薪へと火を移していく。空気の通り道を確保するよう、枕木を利用するのはそれまでと同じ。焦らず、ていねいに作業しよう。

長野修平さんが教える

技あり！焚き火料理

焚き火料理といえばダッチオーブンや鉄板を使ったものが一般的。けれど、少し工夫をすれば一風変わった野外らしい一品ができる。焚き火料理の第一人者、長野修平さんに簡単なのにテンションが上がる技あり調理術を教えてもらおう。

長野流：料理に取りかかる前に焚き火の準備

❶ 火床を作る

直火の場合、地面に数本の薪（直径3～5cm程度）を並べて火床を作る。薪と薪の間に空気が通りやすくなり、そのうちこの薪にも火がつき、燃料となる。

❷ 燃えやすいものを載せる

火床の上に少量の落ち葉など燃えやすいもの（火口）をこんもり載せておく。湿った薪が多い時は、乾いた落ち葉や樹皮を多めに用意。

❸ 小枝と少し太い薪を載せる

落ち葉や樹皮の上にたっぷりの小枝（焚き付け）を盛り、その上に直径3～5cmの細薪を数本置く。薪は折れ口に火がつきやすいので切らずに折ろう。

❹ 木の皮に火口を盛る

長めの木の皮や薄くてやや幅広の薪に、少量の火口を盛っておく。火口は白樺の樹皮、シュロの繊維など、手に入るものならなんでもいい。

❺ 火花を飛ばす

火口に向けて火花を飛ばす。長野さんはファイヤースターターを使っているけれど、マッチやライターで火をつけてもいい。

❻ 炎を火床に潜り込ませる

炎は上に上がるので、なるべく焚き付けの下のほうに押し込む。載せておいた細い薪に火がついたら、あせらず少しずつ太い薪を追加していこう。

焚き火の香りがいつもの料理に変化を与える

長野さんの野外イベントでは、焚き火とベーコンが看板代わり。「焼き色や風向きを考えて薪の位置や量を変えるのは純粋に楽しい。炭火でも似たようにできるけれど、薪のほうが肉に香りがつくので、基本的に焚き火で料理しています。その場で集めた薪を使うので、湿気っていて煙が多く出ることもあるでしょう。でもそれがその場の味になります」

焚き火の特性を知れば、バーナーや炭火よりも料理の幅が広がり、おいしさもひとしお。これから焚き火ならではの調理法を教えてもらうが、料理に取りかかる前に、料理のための焚き火スペース作りから楽しもう！「巻き結び」を知っていれば、トライポッドを持っていなくてもその場で作れる。

PHOTO／逢坂 聡　TEXT／大森弘恵

吊るし料理の準備

火と食材の距離を変えるチェーンはトライポッドに巻き付ける。木のこぶや曲がりを利用すればズレにくい。

3本のなるべくまっすぐ伸びた木を選び、1本に巻き結び。あとは順番にロープを通して木と木の間にロープを通して引き締める。ロープの端を巻き結びで留めればトライポッドの完成だ。ロープはゆるまないよう、しっかり引き締めるのがポイント。

大きな食材には長い薪でたっぷり熾を作る。小さな食材なら短い薪で。その見極めが大切。

料理向きの焚き火とは?

料理向きの焚き火は、炎を高く上げるよりも、小さくテラテラ燃える熾がベスト。すぐには熾にならないし、大きなベーコンを作る場合は熾もたっぷり必要だ。料理を始める20分ぐらい前に、料理に必要な薪の量を見極め、用意してから焚き火に取りかかろう。

01

炙り料理

あせらずじっくり炙れば
肉も魚もしっとり・ふっくら

焚き火の香りに包まれて
キャンプの時間が生み出す深い味

長野家のベーコンは巨大なブロック肉を低温で時間をかけて炙り、冷蔵庫で1カ月ほど熟成。少し白カビが生えたのが食べ頃だという。

今回は、当日〜翌日に食べられるようにアレンジした「ベーコン」と北欧の定番野外料理「ロイムロヒ」を調理。北欧の文化は、長野さんがライフワークとするアイヌ文化とどこか通じるモノがあるそう。「強いて言えば、ロイムロヒは北欧のちゃんちゃん焼きかな」

肉も魚もじっくり炙ることで、ほどよく水分が抜けてうまみが濃くなる。それに、どこか懐かしい焚き火の香りがかすかに鼻腔をくすぐる。スモークほど強烈ではない野趣味が子どもにも好評だ。

「マニュアル頼りではなく、火を前にああでもないこうでもないと考えながら、その場の味を作りましょう」

作り方

❶ 肉を焚き火の上に吊す

焚き火が熾きの状態になってきたら、豚バラ肉の水分をぬぐい、S字フックを四隅に刺して焚き火の上に吊す。高さは炎が当たるか当たらないかの距離で、煙が当たるよう風下に吊るす。

❷ 肉の上下、左右をひっくり返してまんべんなく火を通す

おおよそ1時間ごとに上下、表裏をひっくり返してまんべんなく火を通す。最初に火に当てるのは赤身側から。写真のように、炎が当たっていないのに白い脂が琥珀色になるとほぼ完成。

長野家名物をライトにアレンジ

ベーコン

塩水に漬けて、低温で6時間ほどじっくり炙るだけ。おいしいベーコンの完成だ。強火で炙ると脂が抜けた焼き肉になるので、炎がときおり当たるか当たらないかの遠火で炙るのが最大のポイントだ。「火で炙るというより、熱風で風乾させるイメージ」（長野さん）。

準備

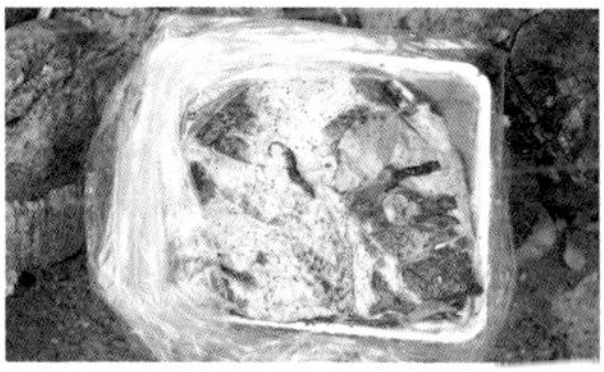

❶ 3%のブレンド塩に漬け込む

豚バラ肉へ、肉の重さの3%の塩・1.5%の三温糖・ニンニク・ローリエ・赤唐辛子・黒コショウを混ぜたブレンド塩をすり込み15°C以下の冷暗所で4日間漬け込む。

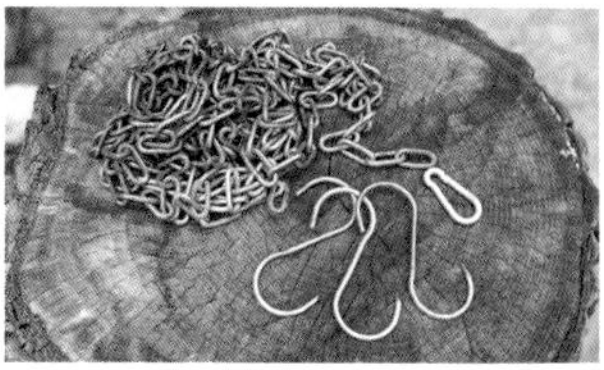

❷ 片側をとがらせたS字フック

チェ ンは錆びにくいステンレス製がベスト。肉に刺すフックは、片側をとがらせておくと分厚い肉でも難なく刺さる。

❸ 最低4時間、できれば8〜10時間かけて炙りたい

端から薄くそいで食べる。塩気が濃いめなので、サラダに入れてもうまい。低温で加熱しているのでパサつかずふっくら仕上がっているはずだ。もし中心部が生だったら、もう一度炙れば問題なし。

北欧の伝統料理

ロイムロヒ

北欧ではポピュラーなサーモンの焚き火炙り料理。「杉の板を探すのが大変だけど、ホームセンターで“野地板”と言えば出してくれます。杉は柔らかいので、釘を使わなくても杉板でくさびを作れば打ち込めます」(長野さん)。
※防腐剤など薬剤が塗られているものはNG

準備

❶ サケの大きさに合わせて杉板を切る

杉板の幅は約18cm。サケ半身を置くとちょうどいいはず。板の長さは、サケの長さ+頭側・尾びれ側各15～20cm。不要な部分を切り落とす。

❷ 杉板を細く割る

サケを載せない切り落とした野地板を10cmほどの幅に切り、それをさらに板の厚み程度に割っていく。これがくさびのもと。

❸ 7～8本のくさびを作る

細かく割った木片の片側を、ナイフでとがらせ、くさびを作る。サケの大きさによるが、今回は7本のくさびでサケを固定した。

❹ 二股の枝でつっかえ棒を作る

二股に分かれた枝を探してくる。二股を地面側にしてサケを貼り付けた杉板を支えるというわけ。安定するように枝の長さを調整しておこう。

作り方

❶ サケを板に打ち付ける

杉板の中心にサケを載せ、杉のくさびでサケを固定する。薪などで杉のくさびを打ち付ければ、簡単に入っていくのがおもしろい。

❷ 味付けはディルがポイント

塩、コショウ、北欧料理に欠かせないディルを適当に配合し、サケの表面にたっぷり塗り付けておく。肉厚の部分には多めにすり込むといい。

❸ サケが空を向くようにして炙る

焚き火のそばに板を立てかけ、炙り焼き。サケ側が空を向くように板側から棒で支える。炎がサケや板に当たらないように気をつけて。

❹ サケが焚き火を向くようにする

30 〜 40分ほどたったら、今度は板側が空を向くようにサケ側より棒で支える。これで尾びれ側もきれいに火が通る。

❺ ムラなく焼けたら完成

上下をひっくり返し、まんべんなくサケに火が通ったら完成。途中で、サケの表面にバターをたっぷり塗り込むと香ばしい。

伝統の卵黄ソースをたっぷりかけて！

そのままでもおいしいけれど、卵黄、粒マスタード、生ディル、オリーブオイルを混ぜて作る北欧伝統のソースをたっぷりかけるといっそううまい。

02

石焼き料理

**水分が多い石は割れるので
石選びは慎重に**

**ソースを守る野菜の堤防！
野性味とハラハラ感が食欲を刺激**

いつかやってみたいと思っていてもなかなか手が出ないのが石を焚き火で熱して、その熱で調理する「石焼き」。下手に加熱すると石が割れると聞くと、せっかくの食料が台なしになるんじゃないか、やけどをするんじゃないかと二の足を踏むのだ。

「割れやすいのは川原にあるような水分を多く含んだ石。安心なのは火にかけた実績がある石です。直火の跡が残った石だとまぁ大丈夫かな。でも、万全ではないので、石が割れ、跳んでもケガをしないように大きめの丸太を載せるなど対策を」

表面が不安定で、石の表面を平行にしたつもりでも脂やソースが流れ落ちる。それが焚き火で焦げ、なんとも言えない香ばしさが漂う。鉄板は厚いほどおいしく肉を焼けるというけれど、石焼きはそれ以上に蓄熱性があるし、この香ばしさは鉄板にはないお楽しみだ。

焚き火を楽しむために木を削り、つまみを作る

焚き火の炎は美しいだけじゃない。パワフルなこの熱を調理に使わない手はない。

特別なことは何もしない。焚き火の前に座ったままで作れる簡単料理なのに、それをふるまえば家族みんなが感謝してくれるからやめられない。

それに焚き火のためにナタやナイフを使ったあとは、なぜだか無性に木を削りたくなる。焚き火を見ながら、そのときだけ使う道具を作るのも、楽しい作業のひとつといえる。水分たっぷりの木は焚き火向きではなくても、削りやすくて加工しやすい。ただ箸を作るだけでも満足するし、なんだかキャンプ上級者気分に浸れる。

料理も簡単クラフトも気軽に取り組めば、焚き火時間が大いに充実する。

プチクラフト
PETIT CRAFT

【 お箸 】

竹や枝を細く、まっすぐ削るだけでよく、クラフトビギナーでも挑戦しやすいのがお箸作り。先端を少し細くすれば口当たりがよくなる。ほんの少し角が残るくらいが料理をつまみやすい。

火加減のコツ

上は強め、下は弱火で

別のスキレットでフタをして、上下から加熱。基本的に食材に火が通っているので、フタの上の炭を強めにしてチーズを溶かす。

« CHECK POINT »

缶詰を焚き火に直置きしていい?

缶詰を開けたらそのまま火にかけたくなるけれど、缶詰メーカーにとっては想定外の使い方。安全性が確保されていないので鍋に移し替えたほうがいい。

作り方
HOW TO MAKE

❶小さなスキレットをふたつ用意。ポテトサラダをスキレットに敷き詰める。その上にコンビーフをほぐし、薄くポテトサラダを覆う。

❷コンビーフが見えないように、薄くポテトサラダで覆う。ポテトサラダのキュウリは、気になるなら取り除いてもOK。

❸とろけるチーズとトマトをのせて火にかける。フタもスキレットで!
大人だけがつまむならコショウをたっぷりふりかけてもいい。

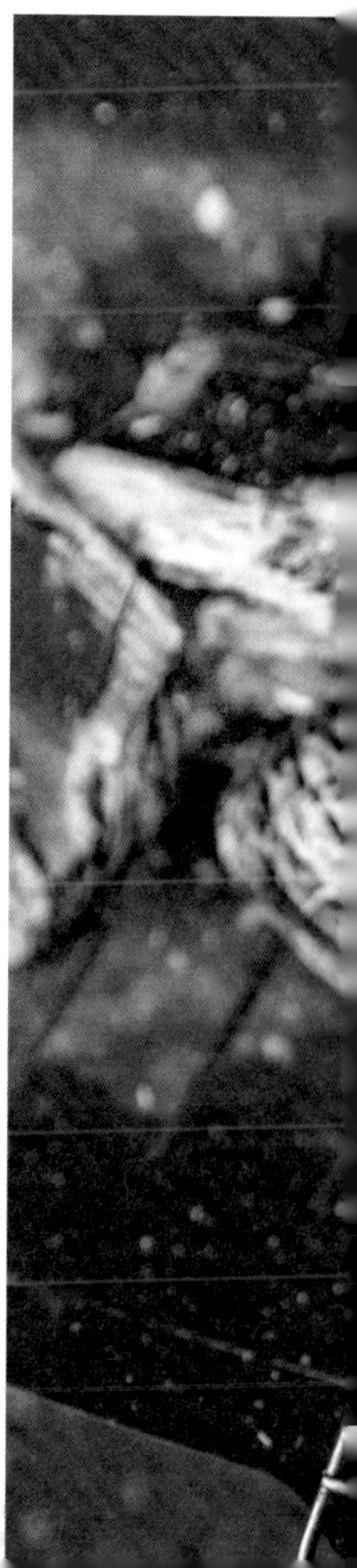

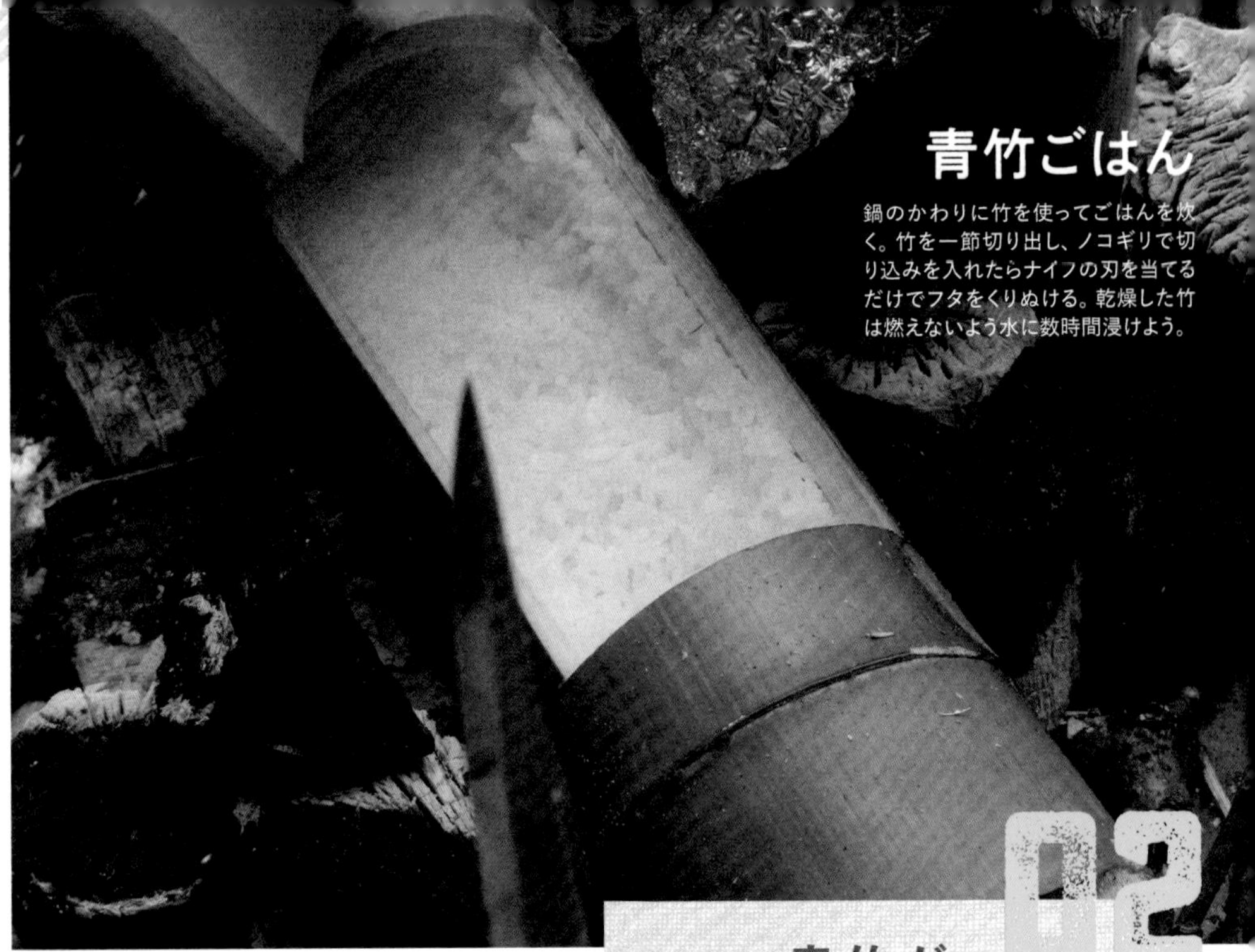

青竹ごはん

鍋のかわりに竹を使ってごはんを炊く。竹を一節切り出し、ノコギリで切り込みを入れたらナイフの刃を当てるだけでフタをくりぬける。乾燥した竹は燃えないよう水に数時間浸けよう。

02

青竹が手に入ったら挑戦

入手するのが大変だが、キャンプ場で竹を分けてもらえるようなら、一度はやってみたいのが竹を鍋がわりに米を炊くこと。竹は切るだけで鍋ができるし、切ったばかりの竹は水分が多く、火にかけても燃えることがない。

作り方
HOW TO MAKE

米をといだら、米と同量～1.1倍の水を入れて浸水。フタをのせて、焚き火にかける。クッカーよりも沸騰までに時間がかかるが、あせりは禁物だ。

火加減のコツ

弱火でじっくり

燃えさかる焚き火ではなく、弱火にかける。竹の両端はくすぶり、燃えそうになるが、それで大丈夫。弱火でじっくり加熱したい。普通に米を炊くよりも時間がかかるので、不安なら炭を2～3個入れて、火を安定させてもいい。

プチクラフト
PETIT CRAFT

【 竹の器 】

竹の鍋に使わなかった部分は、切るだけでコップになるし、半分に割ると器になる。切り口を整えるだけで見栄えがよくなるし、竹は繊維がまっすぐだし、柔らかいので削りやすい。初心者にぴったりの素材だ。

ロティサリーチキン

小さくても"丸焼き"なので豪快さを演出できる。1～2日前より塩分3～4%の漬け汁に浸しておくと味がしっかりしみこむが、その場で表面に塩を塗り込んでもよし。

焚き火の香りに包まれる炙り焼き

03

適当に濃いめの味をつけて火にかけるだけの炙り焼きは、時間がかかるけれども非常に簡単な焚き火料理の代表だ。チキン、ビーフ、ポーク、ラムの、どれでも好きなモノを炙ってみよう。

したたる脂で香ばしく仕上げる！

強火の遠火で炎には当てない

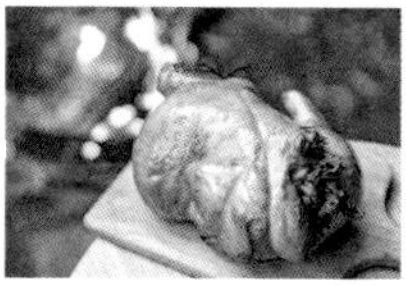

火加減のコツ

焚き火の上にかざすが、決して炎には当てない。できあがったかどうかは、皮を押さえたときの弾力で判断。切り分けたときに加熱が甘かったら、串焼きにすればいい。

作り方
HOW TO MAKE

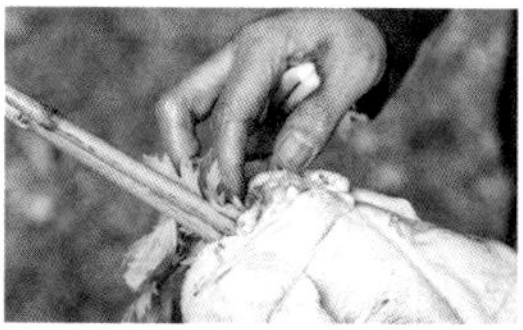

❶漬け汁から取り出した丸鶏に竹を2本差し込み、セロリやニンジンを詰める。肉を固定できないなら竹の間に小枝を挟んで調整。

❷焚き火にかけてじっくり火を通す。大体火が通ったら、オイルを塗って皮をパリッと焼き上げる。

プチクラフト
PETIT CRAFT

【 炙り台 】

ホームセンターで手に入るロープ留めを焚き火台の脇に立て、そこにチキンを差した棒を差し込むだけ。肉が回転するなら2本の棒の間に小枝を挟んで隙間を調整すれば固定しやすい。

04

小さな炎で作る 大人の串焼き

串焼きは結構面倒だ。焼き上がるまで串をずっと持っているのも大変だし、串用のスタンドがあるとは限らない。だったらその場で長い串を作ればいい。地面に差し込めば簡単に固定できるし、脂が伝う様子も食欲をそそる。

サンマの塩焼き

串に刺すとうまみが逃げやすいけれど、それでも挑戦したくなるから不思議。サンマは丸ごと焼いて、甘苦いワタごと食べるのが大人の楽しみ。これだけはゆずれない!

作り方
HOW TO MAKE

❶サンマは軽く塩をふり、10分ほどたってから洗い流す。その後、風通しのいい場所で表面を乾かしてから塩をふり、火にかける。

❷串を放射状に打つと炙る面を固定しやすい。半面、串が増えるとうまみが逃げやすいので平らな串で口から尾に向けてまっすぐ打ってもいい。

火加減のコツ

強火の遠火が基本

チキンの炙り焼き(P81)同様、強火の遠火が串焼きの基本。サンマの皮が黄金色になったら大成功!

木や竹の長い串は、サンマとは反対側も削っておけば地面に串を刺して固定できる。市販の短い串は、目玉クリップや網の目を利用しよう。

好きなものを串焼き

ソーセージ、チーズ、
パンなど気になるものを
焼いて食べる！

好きなものを刺して焚き火で炙り、食べるだけ。子どもに人気のマシュマロ、酒のつまみならチーズやソーセージが定番だ。細いワイヤーがあれば、イカの燻製や鮭トバをくくりつけて炙ってもよさそう。

プチクラフト
PETIT CRAFT

【 串 】

お箸同様、簡単でだれもが取り組めるのが串作り。1本の串は食材の重みでくるっと回って同じ面しか焼けないので、二股に。

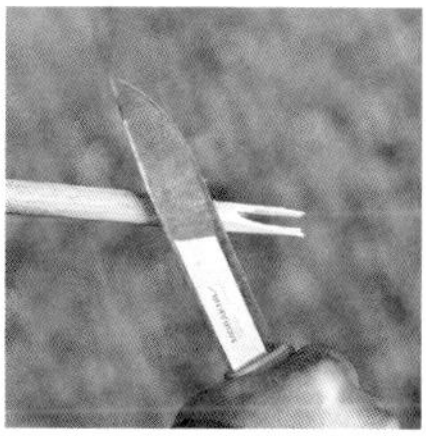

枝分かれを利用したり、竹なら両面をまっすぐ削り落とすだけでいい。

赤身ステーキのチーズソースかけ

ミニ鉄板は火の様子がよくわかる!

05

ライブ感大のミニ鉄板焼き

ソロばかりかファミリーにも評判のミニ鉄板焼き。BBQ用のでっかい鉄板とは違い、焚き火を眺めながら焼き物ができるすぐれモノだ。じゅうじゅうしたたる肉汁と美しい焚き火とのコラボレーションを楽しもう。

火加減のコツ

鉄板を熱したら弱火でじっくり

最初に鉄板をよく熱してから油脂を塗り広げ、弱火に変えてから肉をのせ、じわじわ加熱する。これで鉄板に食材が張り付く、焦げ付くことはない。

肉のうまみを味わうなら、なんといっても赤身！　フチのない鉄板は脂肪分が流れ落ちるので、味付けは控えめにして、チーズで塩分と油脂をカバーしよう。

作り方
HOW TO MAKE

❶常温にした肉を、熱々の鉄板にのせる。アウトドアスパイスをふりかけ弱火でじっくり加熱しよう。チーズソースはピザ用チーズに白ワイン、ニンニクを適当に加えただけ。

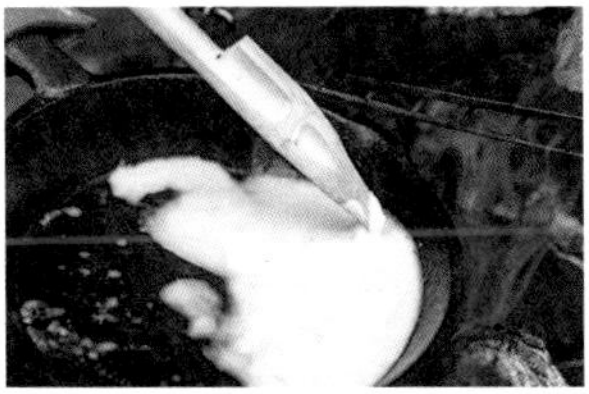

❷チーズが溶けて、白ワインのアルコール分が飛んだらチーズソースのできあがり。肉が焼き上がるまで、煮詰まらないよう弱火で温めておこう。

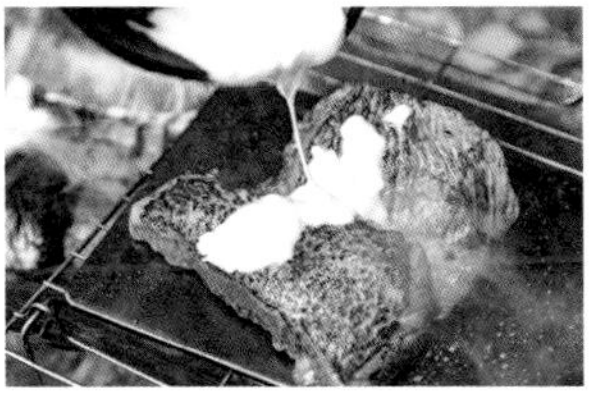

❸好みの状態にステーキが焼き上がったら、チーズソースをかける。少し鉄板に落ちて香ばしく色が変わるくらいがおいしい。グツグツする様子が食欲を刺激する。

« EXTRA »

鉄板を忘れたら
ホイルの包み焼きに変更

ミニ鉄板がない場合は、アルミホイルを2～3重にして、肉と野菜、チーズをくるんで焼いてみて。ぐつぐつ焼ける様子は見られないが、開いたときの湯気と香りは鉄板焼きにはないエンターテインメント性！

プチクラフト
PETIT CRAFT

【 竹のヘラ 】

ソースをきれいに拭えるヘラは、スキレットの壁面の角度にあうよう削っていくだけ。持ちやすいようくびれを作ったがなくてもいい。

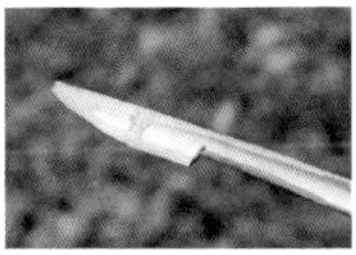

竹の節から先に割れることはないので、節までを柄にするとよかったかも。トライアンドエラーも楽しめる。

Chapter
3

焚き火と道具

道具が変わるだけで、焚き火も変わる。
焚き火台一つをとっても、その燃え方はさまざまだ。
その特性を知ることで、より効果的な炎を生み出し
コントロールすることができる。
焚き火は、道具にこだわるほどおもしろい。

日本のキャンプ場に登場したのはいつ？

焚き火台のトレンド変遷

直火禁止のキャンプ場が増えた今、焚き火には焚き火台がマストアイテム。いったい、いつ頃登場し、どんなふうに進化していったのだろうか？

ガルヴィでは年に一度、別冊や付録、特集など形を変えつつ新製品カタログを作っている。1990年代のカタログには「バーベキュー」のカテゴリーはあっても「焚き火台」の姿はない。サノ・アイディーより「焚き火コンロ」という折りたためる一斗缶型コンロが発売されているが、焚き火メインではなくあくまでコンロ。読み続けていくと、1995年発行のカタログに大三商事（現ロゴス）「ロータスファイアベース」が掲載されている。BBQグリルのカテゴリーではあるが、直火禁止の施設で焚き火料理をするための台として開発されたようだ。

　この少し前に、河川敷に残されたゴミと焚き火跡が問題になっていたことから、各社で開発が進んだのだろう。1995年以降、次々に焚き火台が登場し、「焚き火台」がキャンプの持ち物リストに加わるようになった。

　以降、できるだけ軽く、組み立てやすいものが発売されてきたが、2015年頃から一転。炎とともに焚き火台の美しさも問われる時代に突入。その後ガレージブランドが多数参入し多様化を極めている。

1990年代初頭

オートキャンプブーム到来

週末になると、家族とともにドームテントとBBQグリルを積んだ4WDがキャンプ場を目指していた。河原でキャンプをする家族も。

▼

ゴミ放置と焚き火跡が問題に

河原に放置されたゴミや焚き火跡、キャンプ場のそばの商店にゴミが捨てられるなど、キャンパーのモラルが問われるように。阪神淡路大震災で防災として一時キャンプが見直されるものの、ブームは沈静化。

- BBQコンロが主流。一部に一斗缶のような焚き火もできるコンロが販売されていた

1995年

ロゴス「ロータスファイアベース」発売開始

大三商事（現ロゴスコーポレーション）より、直火禁止の場所で焚き火料理をするためのアイテムが発売。蒸し器に似た構造で、2000年代に入っても販売されるロングセラー商品となった。

『'95～'96オートキャンプグッズオールカタログ』より

- 老舗キャンプメーカー各社が直火禁止に対応しはじめる

1997年

ユニフレーム
「ネイチャーストーブ」が
焚き火遊びを提案

ティッシュ1枚で松ぼっくりや枯れ枝を燃やし、湯沸かしができる道具として話題に。エコロジカルなストーブではあるが、小さな焚き火ができるオモチャとして愛された。

ネイチャーストーブ

1998年

ユニフレーム
「ファイアグリル」発売スタート

ファイアスタンドのメッシュ火床を箱に変え、調理ができるようにした。ダッチオーブンを使えるうえ、5000円（当時）というコスパのよさがキャンパーの心をつかみ、話題沸騰。

ファイアグリル

- 焚き火台に焼き網付属が当たり前に
- この頃、榮製機より小さめの箱型焚き火台「J-FIELD 焚火グリル」が誕生

1996年

スノーピーク
「焚火台」登場

ワンタッチで開き、地面と十分な距離を確保した「焚火台」が誕生。焚き火料理のためではなく、ダメージを残さず焚き火を楽しむための道具だったのが新鮮。今も売れ続けるロングセラーだ。

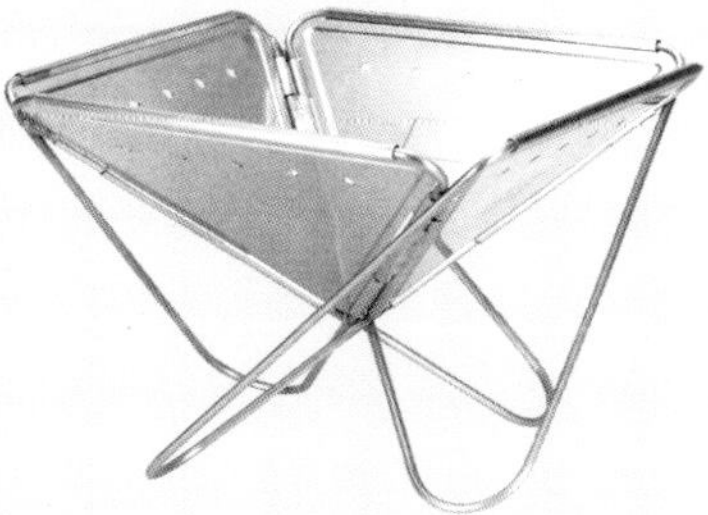

焚き火台L

- オプションで自分好みの焚き火台に仕上げられる。あくまで主役は焚き火

ユニフレーム
「ファイアスタンド」がデビュー

ユニフレームがメッシュ火床を採用し、クルッと丸めて持ち運べる焚き火台が誕生。バイクや自転車で旅をするキャンパーに不動の人気を博した。現在も限定商品として一部店舗で販売されている。

ファイアスタンドII

- メッシュ火床の元祖。軽量・コンパクトな焚き火台の代名詞となった

2007年

コールマン
「ステンレスファイアープレイス」が
美しく燃えると話題に

井桁に組んだ薪のようなデザインで、燃焼効率の高いステンレスファイアープレイスが誕生。深型で薪を放り込むだけでいい手軽さと、ダッチオーブンを受け止めるハンドル付きという機能性が受けた。

ステンレスファイアープレイスIII

- よく燃えて美しく炎が上がる焚き火台が人気

2009年

キャプテンスタッグ
「ヘキサ ステンレス
ファイアグリル」販売

パッと広げるだけで準備でき、ダッチオーブンがすっぽり入る深型焚き火台。とにかく簡単で深型らしくよく燃えること、さらにコスパのよさも相まってヒットした。ひと回り小さな「M」も仲間入り。

ヘキサ ステンレス ファイアグリル

- ソロ用もファミリー向きも、より小さく収納でき、簡単に組み立てられる焚き火台がヒットした

2005年

小川キャンパル
「焚き火ボックス」誕生

秋冬はキャンプ場の時計型薪ストーブを借りてキャンプを楽しむ人たちが多かった。小川キャンパル（現キャンパルジャパン）は、時計型薪ストーブを思わせる煙突なしの箱型焚き火台を開発。

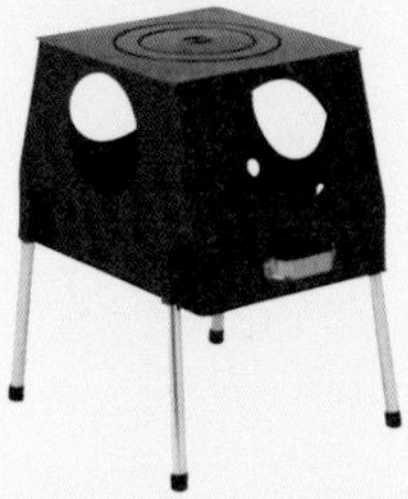

ガルヴィ 2005年5月号別冊
『アウトドアグッズ2005年新作カタログ』より

- 煙突を取り除いた薪ストーブで、より調理向きに

ホリデーロード
「コンパクトストーブVHS」が
衝撃デビュー

ガレージブランドという呼び名がなかった時代、「世界一小さなアウトドアメーカー」ホリデーロードが、小さくてよく燃える焚き火台を開発。「VHSのケースに入れて持ち運べる」とバイク好き、カヌー好きの間で評判になった。ケースの入手が難しくなったそうで、今後はケースの形が変更されるかも!?

コンパクトストーブVHS Mk-II

- 小さく持ち運び大きく使う、組み立て式焚き火台のはしり

2016年

ペトロマックス「ファイヤーボウル」がヒット

複雑な組み立てに辟易したキャンパーの心をつかんだのが、プレートタイプの焚き火台・ファイヤーボウル。鉄板のような無骨なデザインが新鮮に映り、多くのキャンパーが手に取った。日本での取り扱いはスター商事。

ファイヤーボウル

● プレートタイプの焚き火台がブーム

2019年

トリパスプロダクツ「グルグルファイヤー」誕生

2000年代後半より、ガレージブランドが次々参入して焚き火台を生み出している。筆頭がトリパスプロダクツのグルグルファイヤー。アートのようなデザインが話題となり、その後、魅せる焚き火台が増加した。

グルグルファイヤー M

● 魅せる焚き火台が台頭
● ガレージブランドが続々参入

2010年ごろ

ウルトラライトという考えが広まる

2000年ごろにアメリカで生まれたウルトラライトというスタイルが、2010年ごろより日本に浸透。登山ブランドからシンプルな超軽量ギアが続々誕生した。

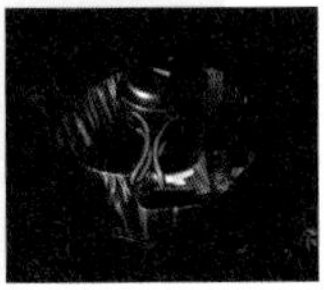

2011年

ソロストーブがアメリカで創業

アメリカで頑丈で軽くて環境にやさしいソロストーブが誕生し、焚き火シーンに“二次燃焼”という言葉を広めた。クラウドファンディングで資金を募って開発する、いまどきのスタートを切ったことも記憶に新しい。日本での取り扱いはアンプラージュ インターナショナル。

● 二次燃焼を促すコンパクトな二重壁ウッドバーニングストーブが話題になった

ソロストーブ ライト

ピコグリルがスイスで創作される

STC社のブルーノが従来品を参考にすることなく、イチから開発したピコグリル。500g以下の超軽量でフラットにたたむことが可能。世界中のハイカーを驚かせた。

● 焚き火台の軽量化に拍車がかかる

2012~2015年

エンバーリッドやファイヤーボックスなど小さな焚き火台が話題に

エンバーリッドやファイヤーボックス、バーゴなど、超軽量の箱型焚き火台がキャンパーのあいだでも評判に。以降、大小問わず、プレートを組み合わせて作るフラット収納の焚き火台が徐々に増えてきた。

ロングセラーにはワケがある!

超定番焚き火台5モデルに迫る!

焚き火ブームもあり、さまざまな焚き火台がリリースされている昨今だけれど、その昔から今もなお脈々と、キャンパーたちに愛され続ける超定番の焚き火台を今回はフィーチャー。やっぱり、ロングセラーにはワケがあるんです!

各モデルの特徴を徹底チェック

焚き火台について知るうえで欠かせないのが、発売から10年、20年と長い年月を経ながらも、現在もキャンパーから愛され続けている超定番の焚き火台たち。ロングセラーとなっている5モデルを、実際に使いながらそのインプレッションをスペックや特徴とともに紹介していこう。

長年使うことができるタフさや、よく燃える燃焼効率の良さなど、共通するキーワードもある一方、その焚き火台ならではの特徴やデザインもあり、各メーカーの趣向を凝らした焚き火台を比較するのはやはりおもしろい。各モデルはガルヴィ編集部でもキャンプロケやイベントで長年使い続けてきた焚き火台で、タフさと使いやすさは折り紙付き。

改めてこのモデルを使ってみて感じたのは、長年愛されているのには、やはり理由があるということ。今回はその理由、魅力をじっくりと紹介したので、参考にしてほしい。

PHOTO／中里慎一郎　TEXT／横山穂波（カーネル）　撮影協力／PICAさがみ湖

初代モデル
1996年発売

MODEL 01 | Snow Peak Takibi Fire L

スノーピーク ▶ 焚火台 L

SPEC

使用時サイズ：約45.5×45.5×H31.5㎝
重量：約5.5kg
本体材質：ステンレス

セット内容

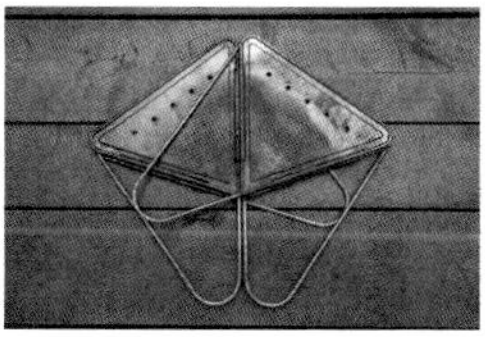

・本体
・収納ケース

オプション

炭床ProL

焚火台
ベースプレートL

炉のサイズ

最深部分の深さを計測。ロストルなしなので、底部は平らにならない。

開口部の内寸は約43×43㎝。一般的な薪のサイズなら問題なく置ける。

収納サイズ

約56×64×3.2㎝
写真の別売専用ケースのサイズは、約59×70×7㎝あり、オプション品を一緒に入れられる余裕あり。

POINT 1
POINT 2

POINT 1

1.5㎜の板厚を採用し 軽さよりもタフさを追求

開発の際、何度も耐火・耐久実験を行って導き出されたのが、1.5㎜厚のステンレス板の採用。これ以下の厚みだと、過酷な耐熱実験ではステンレス板が変形してしまう。当然、板厚を上げれば重くなるが、「一生使い続けられる」スペックにするため、迷うことなく1.5㎜厚を採用した。

POINT 2

繊細な調整を繰り返し ロボットによる溶接を確立

焚火台は国内の工場で、溶接ロボットを使い製造している。高品質な製品づくりのために試行錯誤し、微調整を繰り返し、一連の溶接工程を確立した。三角板と脚のパイプは確実に接合され、焚き火の熱に負けることはない。

オプションのグリルブリッジは焚火台にセットすることで、網やプレートなどが使えるようになる。脚部の凸凹で3段階の高さ調整ができ、火加減のコントロールが可能だ。

本体の1.5㎜厚のステンレス板には、スノーピーク製品の証である刻印が。現在Lサイズは社外の工場で製造されており、ロゴ下は「MADE in JAPAN」。ほかのサイズは社内工場で製造され、「HEADQUARTERS」の刻印も。

“機能美”を感じさせるたたずまいがたまらない

逆三角錐のフォルムと、三角形のパネルから斜めに地面に設置する脚のパイプ、そしてデザイン性をもちながら燃焼を助ける空気孔。シンプルで無駄がなく、そのたたずまいはまさに機能美。使っても、眺めても楽しめる焚き火台なのだ。

“開くだけ”というセッティングの容易さ

収納袋から取り出したら、あとは本体を開くだけ。本体に脚が溶接されているので、それだけでセッティングが完了する。パーツを組み立てるなどの手間が一切なく、ワンアクションで準備ができるのは本当に便利。

折りたためばスリムな収納サイズ

使用時は大きく使え、たためば薄く平らに収納が可能。重さはあるが、このコンパクトさは持ち運び、クルマへの積載も便利。別売の収納ケースは肩掛けができ、袋には余裕があるので、オプションギアも一緒にしまうことができる。

合わせて使いたい関連プロダクト

焚火台シリーズの関連ギアはいくつかあるが、やはり注目は火を囲めるジカロテーブル。テーブルトップは焚火台と同じステンレス製で、デザイン的にも相性抜群。2014年度のグッドデザイン賞を受賞したテーブルだ。

スターターセットの各パーツも焚き火の熱に負けない剛健さ

焚火台Lと収納ケースに、焚火台ベースプレートL、炭床ProLが付属するスターターセットも用意。炭床Proの素材は鋳鉄製で重量はあるが、焚き火の熱にへこたれない強靭なものになっている。

焚火台の主な年表

- 1995年　開発がスタート
- 1996年春　「焚火台」発売。当初はLとSサイズのみ
- 1996年　「焚火台S」がグッドデザイン賞を受賞
- 2000年　「焼アミ」「グリルプレート」などの調理系オプションを拡充
- 2001年　ユーザーの要望に応えMサイズが登場
- 2014年　焚火台を囲める「ジカロテーブル」発売
- 2021年　二次燃焼を促す「フローガL」発売

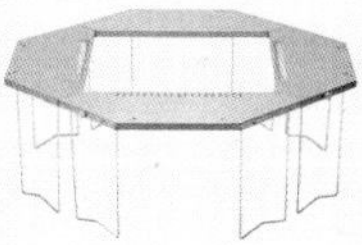

初代モデル
1998年
発売

| MODEL 02 | UNIFLAME Fire Grill |

ユニフレーム ▸ ファイアグリル

SPEC

使用時サイズ：約43×43×H33（網高）cm
重量：約2.7kg
炉・ロストル材質：ステンレス

セット内容

・本体
・スタンド
・ロストル
・焼き網

オプション

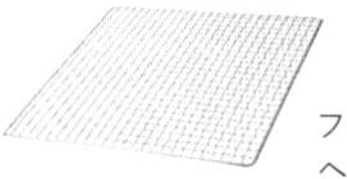

ファイアグリル用
焼き網

ファイアグリル
ヘビーロストル

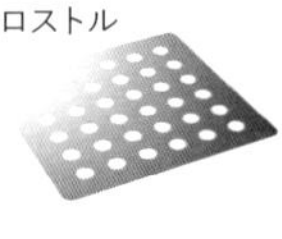

ファイアグリル用
ロストル

炉のサイズ

今回の中ではいちばん浅い約7.5cm。大きすぎない炎で楽しみたい。

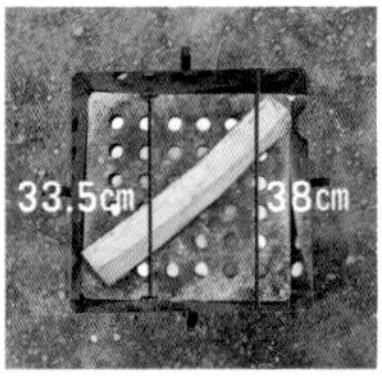

炉は上部がやや広い形状で、一般的なサイズの薪なら炉に収まる。

収納サイズ

約38×38×7cm
収納ケースはオプションで、サイズは約43×40.5×10cm。

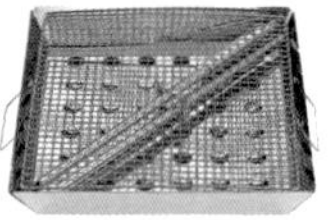

POINT 2
POINT 1

POINT 1

変形を防ぎ、空気を取り込む この隙間、じつは重要なのだ!

コンセプトは「コンパクトで軽量な焚き火台」。使用鋼材を薄くし壊れないデザイン設計。「熱によるゆがみは必ず発生するので、それを前提に“ゆがみを逃がす”方法をとっています。炉の角のスリットは、ゆがみ防止と空気取り込みのふたつの役割です」(担当者)

POINT 2

本体は薄くて軽量だけれど ダッチオーブンOKな耐荷重

スリムな見た目なので、ダッチオーブンなど重いものはNGなのかな……と思う人も多いようで、問い合わせがよくあるという。けれどそんな見た目に反して、分散耐荷重は約20kg!　ダッチオーブンの使用も問題なくできる。

脚のパイプ穴を活用したFGハンガーは、トングやリフターなどを掛けておくことができるアイテム。セッティングも穴に差し込むだけと簡単。こちらもファイアグリルの炉の中に収納できる。

こちらは2021年の新製品、ファイアグリルフッ素鉄板。自宅用のフライパンによく使われている焦げ付かない加工なので、焼きそばやお好み焼きなどの調理が断然ラク!

ファイアグリルの主な年表

- **1998年** 「ファイアグリル」発売。交換用の「焼き網」も同時発売
- **1999年** 「ファイアグリルL」発売(Wサイズ版)
- **2002年** ファイアグリルやほかのBBQグリルでも使える「スーパーエンボス鉄板」発売
- **2006年** 「ヘビーロストル」発売
- **2010年** 囲炉裏型テーブル「ファイアグリルIRORI」「ファイアグリル収納ケース」などファイアグリル専用オプションが充実
- **2014年** 「ファイアグリルラージ」のほか、収納ケースやヘビーロストルを同時発売
- **2015年** 「FGハンガー」、伸縮可能な囲炉裏型テーブル「UF IRORI EXIT」発売
- **2016年** 「FGポットハンガー」発売
- **2020年** 「ファイアグリルsolo」発売

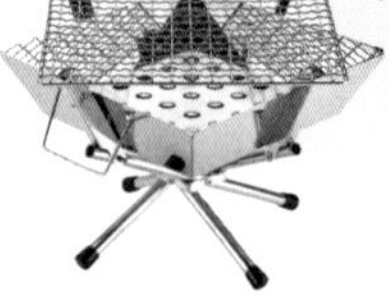

CHECK

炭火調理時に快適な斜め置きのセッティング

焼き網や鉄板は、炉の上部に突き出た爪部分に載せる仕様。こうすることで、炉の四隅から炭を出し入れしやすいし、網の四隅は食材の保温スペースになる。網はがっちりと固定されるわけではないが、安定はしている。

脚を開く方向に要注意でも慣れれば簡単！

4本の脚は収束金具でまとめられていて、開く向きと順番が決まっている。最初に収束金具の矢印シール正面に見た状態で、爪が上にくるように持ち、手前の脚を矢印方向に倒す。あとはイラストの順番で倒していけばOKだ。

脚の“穴”を流用する画期的アイデア焚き火台の使用シーンが広がった

この穴を活用したギアが、FGポットハンガー（左写真）と、FGハンガー。FGポットハンガーは10インチまでのダッチオーブンを吊ることができる。ユニークかつ機能的で、アイデアにあふれたギアだと思う。

炉にすべての付属品が収まるコンパクトな収納システム

付属品を炉の中に収納できるだけではなく、2台をひとまとめに重ねて収納もできる（上の写真）。ただし、焼き網が少し浮くので、持ち運びの際は収納ケースに入れたり、ベルトでまとめるなどの工夫が必要。

初代モデル
2002年
発売

| MODEL 03 | LOGOS the PYRAMID TAKIBI M |

ロゴス ▶ LOGOS the ピラミッドTAKIBI M

SPEC

使用時サイズ：約36×35×H22cm
重量：約2.2kg
本体材質：ステンレス、スチール、ポリエステル

セット内容

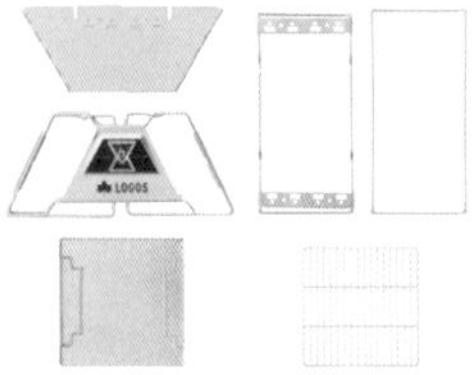

・本体
・焚火ゴトク
（串焼きプレート付）
・ワイヤーロストル
・炭受け皿
・収納ケース

オプション

ピラミッド
ハーフステン
極太ネット M

ピラミッドSPネット M

炉のサイズ

深さは約9.5cmとやや浅めのサイズ。炭火での調理もしやすい深さ。

Mなので炉もコンパクト。焚き火の際は専用ゴトクで薪を立てることもできる。

収納サイズ

約35×19.5×7cm
上記は付属の収納ケースのサイズ。

POINT 1
POINT 2
PYRAMID TAKIBI
LOGOS

POINT 1

ぱっと広げて、重ねるだけ 組み立てが超カンタン!

ピラミッドグリルシリーズは、組み立てが直感的にできるのがとても便利。各パーツは軽量なので手に取りやすく、パッと開いて順番に重ねていくだけ。パーツ数は多いが、組み立てに時間はかからない。

POINT 2

さまざまな効果を生み出す 逆四角錐の構造

四角錐の土台に逆四角錐の炉を入れる構造は安定感が抜群。ゴトクの耐荷重目安は約10kgなので、ダッチオーブンもOK。またこの逆四角錐の炉は炭の量の省エネ化や、壁面からの輻射熱を焼き面へ向かわせる効果も!

コンプリートDXにも装備されているチャコールデバイダー M for ピラミッド（2pcs）は、ゴトクに吊り下げて使う火床の仕切り板。火力を使い分けできるアイデアグッズ。

LOGOS the ピラミッドTAKIBIは、豊富な別売りアイテムやオプション展開が魅力。タフな焼き網や火床の仕切りなど使うと便利なアイテムばかり。他にも釣り鍋料理に便利なクワトロポッドなど、焚き火スタイルに合わせて自在にカスタムできる。

LOGOS the ピラミッドTAKIBIの主な年表

2002年
初期モデルの「焚き火DEグリル」発売開始

2003年ごろ
クワトロポッド、囲炉裏テーブルなど複数の関連製品がリリース

2006年
火床が吊り下げ式になり、リニューアルした「ピラミッドグリルシリーズ」が発売

2007年
ハイポジション焚き火台「ピラミッドグリル・篝火（かがりび）」発売
ソロ向けの「ピラミッドグリル・コンパクト」発売

2011年
デザインを変更し、多機能に進化した「焚火ピラミッドグリルEVO-L」発売

2018年
本格焚き火台としてリニューアルした「LOGOS theピラミッドTAKIBI」シリーズ（現行）発売。ゴトクを標準装備、オプションパーツが充実

CHECK

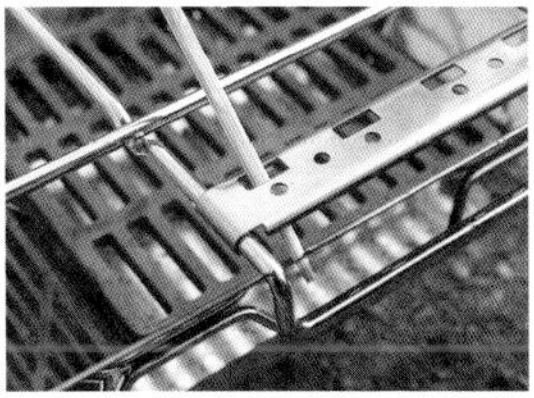

強度と使い方がアップするゴトクを標準装備

最新モデルから標準装備になったゴトクの機能は、串焼きやダッチオーブン対応だけじゃない。ゴトクの間に薪を立てるようにセットすれば、空気の通り道ができて燃焼効率がいい。Mサイズは炉がコンパクトなので、小さめの薪を使うのがおすすめだ。

囲炉裏テーブルの先駆者は円形タイプもラインアップ

囲炉裏テーブルは各メーカーともにスクエア型が多いけれど、ロゴスはスクエア型に加え、サークル型もラインアップ。角がないので、大人数で団らんできるのだ。写真はアイアンウッド囲炉裏サークルテーブルL。

持ち運べて掃除をしやすい灰受け皿がかなり重宝

この単独で持ち運べる灰受け皿は、焚き火じまいに活躍。残った灰をここに集めて、捨てに行ける手軽さがいい。灰受けは当初、地面に置く仕様、本体の一部に組み込む仕様など試行錯誤して、現在の別パーツにして吊る仕様に。

コンプリートキットならオプションパーツをフル装備！

LOGOS the ピラミッドTAKIBI M・コンプリートDXは、アイアンロストル、チャコールデバイダー、極太ステンネット、ファイヤーラックといった、調理に便利なオプションを装備。焚き火+αを楽しみたならこちらがおすすめ。

初代モデル
2007年
発売

MODEL 04 | Coleman STAINLESS FIRE PLACE III

コールマン ▶ ステンレスファイアープレイスIII

SPEC

使用時サイズ：約41.5×46.5×H34.5cm
重量：約5.7kg
本体材質：ステンレスほか

セット内容

・本体
・灰受け＋反射板
・焼網
・収納ケース

オプション

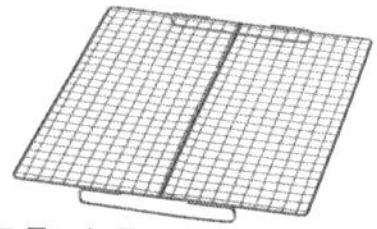

ステンレス
ファイアープレイスIII用
グリッド

ステンレス
ファイアープレイスIII用
灰受け皿

炉のサイズ

約22.5cmの深めの炉には、薪を立てかけられる。少し長め＆大きめの薪でもOK。

ボックス形状で薪をたくさん投入できる。写真の薪は炉に水平ではなく斜めの状態。

収納サイズ

約41.5×30.5×15.5cm
上記は付属の収納ケースのサイズ。

POINT 1
POINT 2

POINT 1

井桁型のデザインは燃焼効率が抜群

基本的な形はキャンプファイアーで用いられる井桁型をイメージしたという。キャンプファイアーの井桁状の薪の組み方は煙突のようになっているため、上昇気流が生まれて勢いのある炎が生まれる。フレームをこの形にすることにより、その効果を狙っているのだ。

POINT 2

使用時は大きく、収納時はコンパクトに

炉の2辺がM字形に折りたためるようになっていて、これが収納のコンパクトさと、セッティングの手軽さを両立。本体に少々重さはあるものの、開閉は力を入れることなくスムーズにできる。本体を広げるだけで、深めで大きく使える炉が出現する。

スライド式の灰受けは単独で取り外せるので、焚き火後の灰処理にも便利。BBQ時は炭がたっぷり入るので、高火力／低火力ゾーンと余裕をもって分けて使える。

スクエアパイプの井桁型構造は、まるでキャンプファイアー。1カ所にだけコールマンのロゴマークが入っているので、探してみるのも楽しい。

ステンレスファイアープレイスの主な年表

- **2007年** 「ステンレスファイアープレイス」発売
- **2008年** 炉のサイズが約50×50㎝でひとまわり大きい「ステンレスファイアープレイスM」を発売
- **2012年** 「ファイアープレイステーブル」が発売
- **2013年** セットアップを簡単にするために炭受け皿と遮熱板を一体化に改良した「ステンレスファイアープレイスII」を発売／IIがグッドデザイン賞を受賞
- **2015年** 「ステンレスファイアープレイスIII」を発売／ファイアープレイス関連シリーズがグッドデザイン賞を受賞

CHECK

使用時の安全性を確保するストッパー

火を扱うものだから、安全面も考慮されているのは安心。ステンレスファイアープレイスには、炉の折れ曲がり防止と、脚のぐらつきを抑え、しっかりと固定するストッパーが装備されている。セッティング時に忘れずに行っておきたい。

メッシュ枠から見える焚き火の炎が美しい

焚き火の炎が台の上からだけでなく、暖炉のように側面からも眺められるのが、この焚き火台の最大の特徴。さらに、「熱も側面から360度放熱でき、みんなが温まれるスタイルの焚き火台を作りたかったため、この構造にしました」と開発担当者。

ひとつで二役が快適ゴトクにもなるハンドル

ハンドルを内側に倒すと、ダッチオーブンも載せられるゴトクに！　ゴトクの耐荷重は約20kg。12インチのダッチオーブンに水を満タンにした重量を基準としている。不安定なものは倒れる危険があるので、載せるのはNGだ。

関連シリーズでグッドデザイン賞を受賞

ステンレスファイアープレイスIII、ファイアープレイススタンド、ステンレスファイアープレイステーブルなどの関連シリーズで、2015年のグッドデザイン賞を受賞。「焚き火の道具本来のシンプルさの追求と、思いがけない事故を防ぐ、安全性を追求」した点が評価された。

初代モデル
2009年
発売

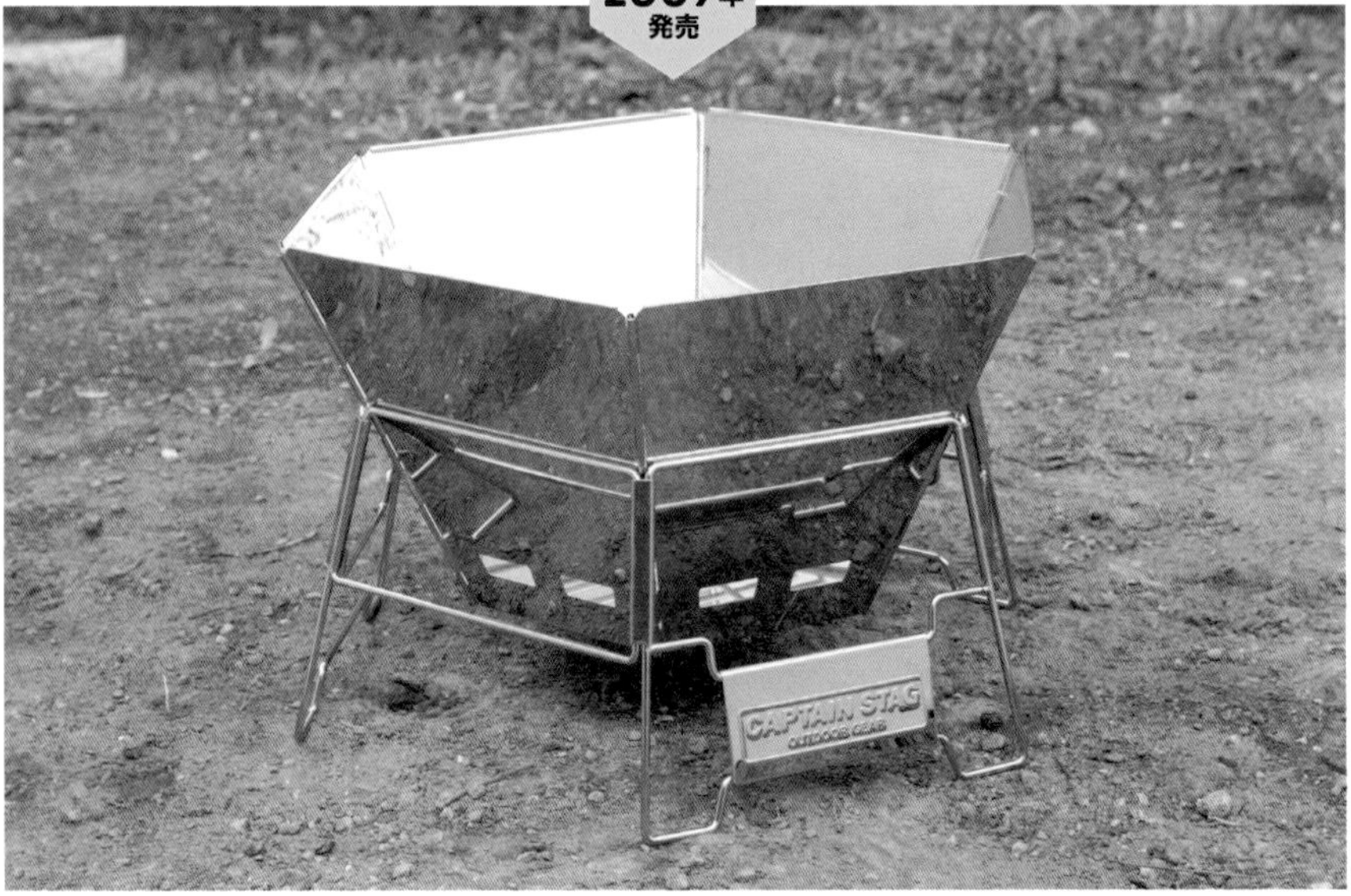

| MODEL 05 | CAPTAIN STAG HEXA STAINLESS FIRE GRILL |

キャプテンスタッグ ▶ ヘキサ ステンレス ファイアグリル

SPEC

使用時サイズ：約47.5×41×H30cm
重量：約3.8kg
本体・底網材質：ステンレス

セット内容

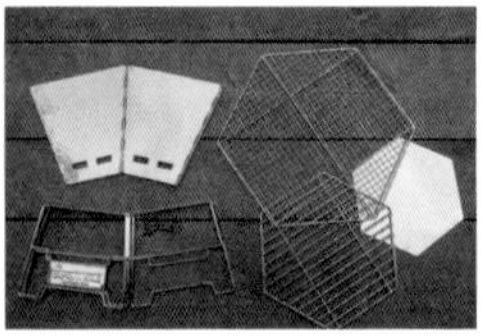

・本体
・スタンド
・底板
・目皿
・焼網
・収納ケース

オプション

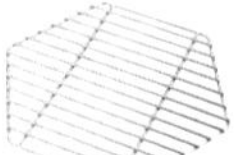

ヘキサグリル用
目皿

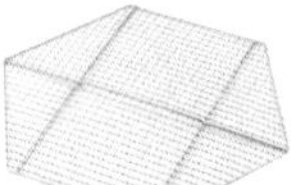

ヘキサグリル用
底板

ヘキサ バーベキュー
アミ455×395mm

炉のサイズ

見た目は深型だが、ロストルから開口部まで約14cm。適度な深さだ。

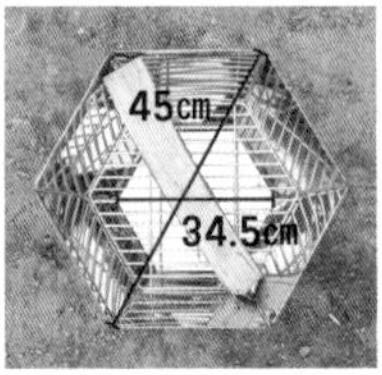

開口部の最長部は45cm、底部も34.5cmとゆとりのあるサイズ感。

収納サイズ

約57×47×6cm
上記は付属の収納ケースのサイズ。

MODEL 05 CAPTAIN STAG HEXA STAINLESS FIRE GRILL

POINT 1

ダッチオーブンが気持ちよく収まる六角形

六角錐の形状ということもあり、φ25cm（10インチ）のダッチオーブンの収まりがいい。炉内にすっぽりと格納でき、ダッチオーブンと炉の間にゆとりもある。炉側面からの放熱で、ダッチオーブンを包み込むように温められるのもいい。鉄製のロストルも頑丈で、ダッチオーブンをしっかり支えてくれる。

POINT 2

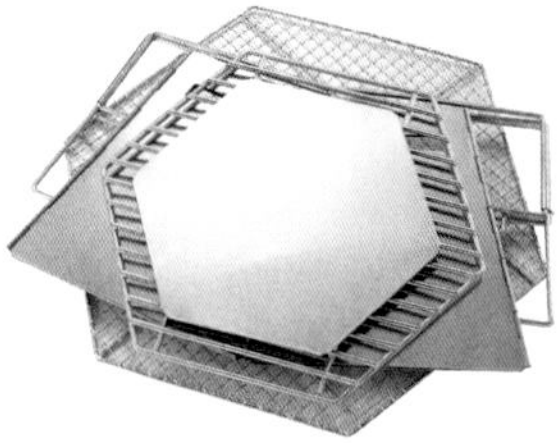

軽量で薄型、持ち運びやすい！

すべてが薄型に折りたため、軽量なので持ち運びが苦にならない。収納ケースはファスナー付きというのもうれしい。口をしっかり閉じることができるので、例えばクルマに積んだときなど、灰などの飛び散りを防いでくれる。

六角フォルムを継承した弟分・ヘキサ ステンレス カマドグリルも登場。本体側面に炭の継ぎ足し窓が付いたほか、煮炊きができる調理用のゴトクが付属している。

2way ウィンド スクリーン Lは風防のほか、焚き火台の熱を前に反射するリフレクター効果が得られ、効率よく暖を取ることができる。また焚き火台の下に敷いば灰受けにもなる。

ヘキサ ステンレス ファイアグリルの主な年表

- **2009年5月** 発売開始
- **2010年5月** ひとまわり小さい「ヘキサ ステンレスファイアグリル〈M〉」が発売
- **2012年** 「ファイアグリルテーブル」発売
- **2013年** 「ヘキサ バーベキューアミ」の発売を開始
- **2017年** 天然木を使用したヘキサ型テーブル「CSクラシックス ヘキサグリルテーブルセット〈137〉」発売とともに、焚き火台の人気も上昇
- **2017年12月** CSブラックラベルシリーズから、「CSブラックラベル ヘキサ ステンレスファイアグリル」発売
- **2019年** 「CSブラックラベル ヘキサ ステンレスファイアグリル〈M〉」発売
  目皿、底板の発売を開始
- **2020年** 風防と灰受け、1台2役で使える「2way ウィンド スクリーン」が発売

CHECK

組み立てやすく安定感もある安心構造

土台と炉を開いて重ね、あとは六角形のパーツを小さい順に底からセットしていくだけ。とても簡単！　炉の高さの半分あたりを土台が支える構造なので、ぐらつくこともなく安定感もばっちり！　薪の投入も安心だ。

BBQ用の網も標準装備、こちらも六角形

BBQ用の焼き網が付属しており、底網、ロストル同様にこちらも六角形。消耗品であるBBQ用の六角焼き網を手に入れるなら、キャプテンスタッグのオンラインストアや、アウトドア系オンラインストアがおすすめだ。

本体下部に空気孔を設け燃焼効率抜群！

炉に設けられた空気孔は、位置的にはロストルの5cmほど下になる。そこから空気が取り込まれ、薪がどんどん燃える仕組み。燃焼効率がかなりよく、燃え残りが少なかった。薪は多めに用意したほうがいいかも!?

ヘキサ同士で相性抜群！ みんなで囲みやすいテーブルも

六角フォルムのヘキサ ステンレス ファイアグリルと相性抜群なのは、やっぱり六角タイプのテーブル。写真はCSクラシックス ヘキサグリルテーブルセット<137>。6分割できるテーブルだ。

焚き火遊びの人気アイテムを徹底活用

エコストーブと クワトロ&トライポッド活用術

焚き火の楽しみをさらに広げてくれる存在である「エコストーブ」と「クワトロ&トライポッド」。
その基本的な使い方と活用術をチェックしよう。

PHOTO ／鈴木優太、中里慎一郎　TEXT ／大森弘恵　ILLUST ／岡本倫幸
協力／新越ワークス、ロゴスコーポレーション

焚き火のスーパーサブをもっと活用するには

日ごとに気温が低くなり、昼間からじっくり焚き火に取り組めるのが冬キャンプの大きな楽しみだ。キャンプサイトには乾いた落ち葉がたっぷり積もり、場内には剪定された枝もチラホラ。焚き火愛好家にとってのお宝が、サイト周辺に山積みになっている。そして、焚き火ラヴァーが長らく注目して止まないのが、焚き火台と組み合わせて使うクワトロポッドやトライポッド、そしてユニフレーム ネイチャーストーブに代表される軽量コンパクトなエコストーブの2アイテムだ。

なかなかどうして、両者とも汎用性が高く、かなりの実力を秘めていると思われる。ひとつの道具で応用がきくというのは、コンパクトカーユーザーはもちろん、荷物が増えがちなファミリーキャンパーにも心強いこと。

そこで、王道の使い方から、ちょっぴり変化球な使い方まで、徹底的にいじって試してみた。

クワトロ&トライポッドとは

クワトロ＝4本、トライ＝3本の脚をもつ支柱で、ゴトクのない焚き火に鍋をかけられる。ロゴスのクワトロポッドは同社の囲炉裏テーブルFDにきっちりセットできるのがいい。

組み立て

クワトロポッドの場合、一番上のパーツは接続済みなので、それぞれ2本ずつ脚を差し込むのみで準備完了。鍋を吊すチェーンの長さは、両端にあるS字フックで調整できる。

エコストーブとは

煙突効果などにより燃焼効率がよく、ティッシュや小枝などから勢いのいい焚き火ができるストーブ。キャンプ用ではユニフレーム ネイチャーストーブがいち早く商品化されている。

組み立て（ネイチャーストーブ ラージ）

ラージの組み立ては、3面になっているステンレス板を広げる。メッシュ底の脚の端を、ステンレス板下部の穴に通して固定。手前の板をはめれば、焚き火台の完成。

組み立て（ネイチャーストーブ レギュラー）

レギュラーサイズのネイチャーストーブの組み立ても簡単。ステンレスの脚を十字に組み立て、ハンドル付きのメッシュ底に取り付ける。本体を広げて、メッシュ底に固定するだけだ。

エコストーブ研究

身近な自然エネルギーを集めて、焚き火ができるエコストーブ。空気の流れによって、わずかな燃料でも炎に勢いがあり、いろいろなことができるのだ。

簡単着火の焚き火術

少しの燃料でたっぷり焚き火を楽しめるのがエコストーブのおもしろさ。まずは、シンプルに焚き火に挑戦し、その燃焼効率のよさを実感しよう。着火に必要なのは、落ち葉やティッシュなどどれもすぐに手に入るものばかり。その上に少量の小枝を詰めておけばOK。

エコストーブのサイズ選び

手のひらサイズのモデルもあるエコストーブ。料理もするなら、ゴトクのサイズは大きめで、安定感のあるモノを選びたい。ネイチャーストーブ ラージは、収納性と汎用性を併せ持つサイズで大型鍋にも対応する。

収納すると、写真のようにコンパクトになる。

小さな焚き火をしながら身も心もあたたまる

煙突のような筒状のモノの中で火を燃やすと、熱い空気が上昇し、本体下部から外部の冷たい空気を引き入れる。そして、下部から引き入れられた冷たい空気は、筒の中の熱い空気を押し上げる……これが煙突効果。

筒の直径と高さによって効果のほどは異なるのだが、こうした空気の流れを利用して効率よく燃焼させるのがエコストーブ。ユニフレームのネイチャーストーブやロケットストーブがその代表だ。

今でこそ、各社からエコストーブやロケットストーブが発売され、自作する人も増えているが、ネイチャーストーブの登場は１９９７年のこと。自転車やオートバイでキャンプを楽しむ人が、ティッシュ１枚で着火でき、焚き火をコントロールする

着火方法

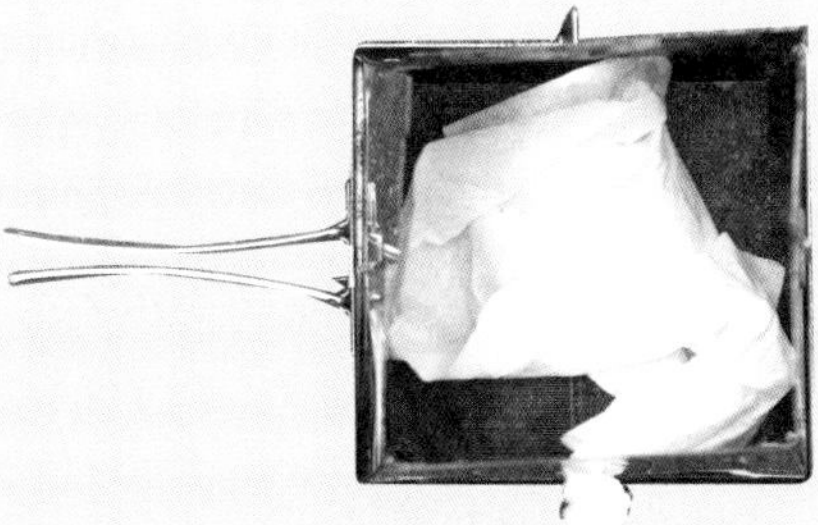

① ティッシュ1枚で着火準備OK

ティッシュ1枚を底に敷く。端っこは着火用の穴から少し出しておくと火を着けやすい。

② よく燃えるモノを探そう

燃えやすく、手に入りやすいモノの代表は松葉と松ぼっくり。乾燥していたらなおよし。樹皮付きの小枝もよく燃える。なかでも白樺やダケカンバなどの樹皮は油分が多く含まれ、燃えやすい。

③ 小枝を追加して焚き火が持続

放っておくだけでこの通り。燃え尽きる前に、少し太めの枝などを追加していこう。

ことで湯を沸かしたりBBQもできる遊び道具としてヒットしたのだ。現在はひと回り大きくてタフなラージサイズも誕生し、より実用的なエコストーブに成長した。

焚き火遊びはもちろん、ラージは小型ダッチオーブンでの調理も可能。炭火にも対応するので、冷え込む夜は足元をあたためたり、少しコツは必要だがオーブン料理だって作れる。

元祖キャンプ用エコストーブ、ネイチャーストーブのポテンシャルを探ってみよう。

炭火料理で香ばしく焼き上げて

ネイチャーストーブシリーズでは高火力な木炭が利用できる。別売の焼網を載せて、食材をあぶれば小さなBBQを楽しめる。BBQに特化したグリルに比べると焼き面が小さく、食べ盛りの子どもがいると追いつかないけれど、つまみやおやつ作りなら問題なし。

トースト!

焼きおにぎり!

焚き火で豪快にダッチオーブン料理

ネイチャーストーブラージは安定感のあるゴトクをもっており、8インチの同社ダッチオーブンまで載せられる。8インチダッチオーブンの満水容量は約2.9ℓ、炊飯は4合まで対応する。つまり、8インチのダッチオーブン本体が約4.2kg、4合の米+水=約1.5kgなので、6kg程度は余裕で耐えられる計算だ。

ゴトク付き!

小さなフライパンで炒め物もできる

レギュラーサイズのネイチャーストーブのほうはさすがにダッチオーブンは無理だが、小さなフライパンやシェラカップを使って簡単な調理が可能。フタ付きなら料理の幅が広がる!

オーブン代わりにしてパン作り

四方をステンレスで囲むネイチャーストーブは、炭火を入れることで石窯のようにも使える。ラージは周囲によく熱した木炭を少量並べ、中央に小さなパンやグラタンを置き、15 ～ 20分放置するのみ。ただし、取り出すときは注意が必要。しっかりつかめるトングを使わないとひっくり返る恐れあり。

空き缶パンの作り方

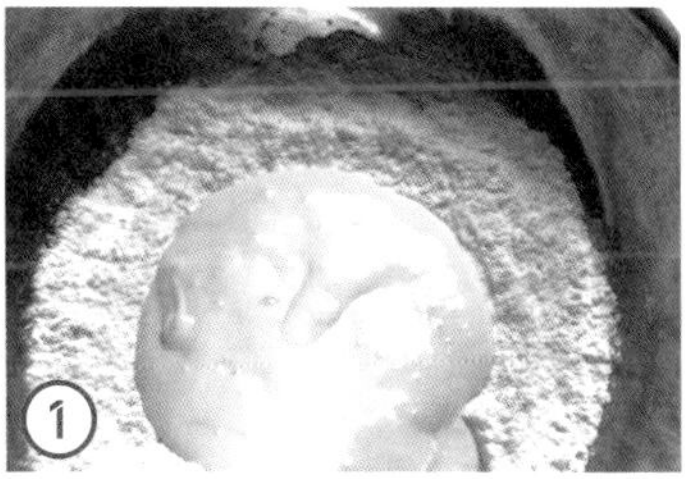

①

サワードウ（小麦粉と水を同量加えて作るパン種）：強力粉：水＝1：2：0.5の割合で混ぜ合わせ、少量の塩、砂糖を加えて生地を作る。

②

生地を缶に入れて暖かい場所に置き、2倍ほどにふくらんだら加熱開始。サバ缶サイズはネイチャーストーブにちょうどいい。

③

空き缶の底と側面にクッキングシートを敷き詰める。はみ出た部分は燃え尽きるので、形は気にしなくて大丈夫。

ネイチャーストーブは小さなパン向き

炭を敷いて10分→炭を取り除き余熱で5分

ネイチャーストーブラージなら余裕のパン作り

炭を周囲に置いて15 ～ 20分

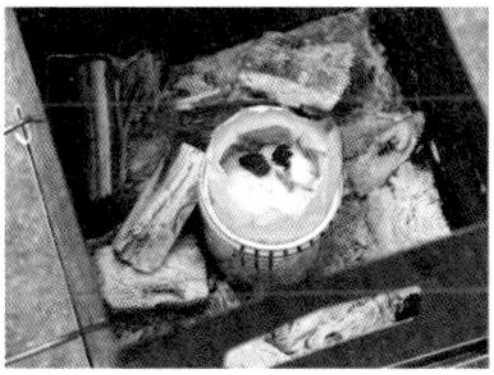

クワトロ&トライポッド研究

ただ鑑賞するだけでなく、焚き火の熱をうまく調理に利用することができる「クワトロ&トライポッド」。調理以外の活用術も紹介していく。

ダッチオーブンを使った吊り下げ料理

ダッチオーブンやケトルを吊り下げる焚き火料理は、いかにもワイルドでかっこいいスタイルだ。ダッチオーブンなどある程度重量があるモノを吊り下げることで、脚の安定感が増すのも頼もしい。別売のハンガーや、マグネットを利用してクワトロポッドを使いやすくアレンジするのもおもしろい。

小型ライトを吊るして鍋の中を確認

スチール製ならマグネット付きのライトをくっつけておく。鍋の中を確認するときに重宝する。

小物も吊るして使いやすく!

同じくハンガーを使って、ふきんを吊るす。濡らしたふきんもよく乾く。

ハンガーに小さなバスケットを吊るして、小物を“ちょっと”置く場所に。

鍋を吊り下げたワイルドなスタイル

四本脚のクワトロポッドや三本脚のトライポッドを使った焚き火は、人気のスタイルだ。焚き火に鍋を吊るす様子は数々の映画やコマーシャルで目にする光景。見るからにワイルドだし、人気のワンポールテントとの相性も抜群にいい。

ダッチオーブンは、スタンドを使っても焚き火に掛けられるが、ある程度スタンドの高さがないと薪の上にスタンドの脚を置くこととなり、燃焼が進むとスタンドが傾く場合がある。

その点、ダッチオーブンやケトルなどの吊り下げ料理は、安定感抜群。火までの距離も調整しやすく、ある程度火が通ればその場で遠火にして保温に徹することができるのもメリットだ。焚き火の真上に上げるだけなので、保温中にダッチオーブンを倒す心配もないといいこと尽くめ。

収納もコンパクト。ただし、安定感を損なわないために、それなりに重量はある。

せっかくキャンプに持ち出したクワトロポッドやトライポッドを焚き火だけで使うのはもったいない。空間を活かせる高さと安定性をいかした活用術を考えてみよう。

流木を使って 即席トライポッドを作る

まっすぐで堅い流木や伐採した枝が手に入ったら、自分でトライポッドを作ってみよう。巻き結びをしたあと、並べた木に順番にロープを巻き付け、縦方向に割りを入れるだけ。最後も巻き結びでとめれば完成だ。

① 1本の木に「巻き結び」でロープを結ぶ

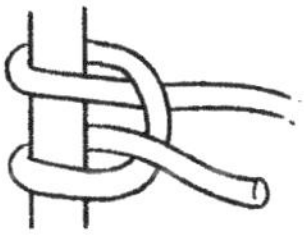

② 3本の木にロープを巻き付けていく。このとき、中央の木の置き方に注意

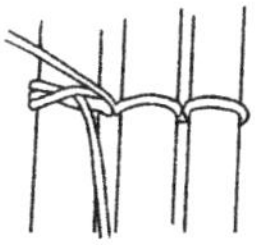

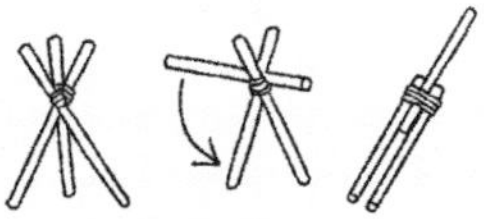

真ん中の木をほかの2本と同じ方向に倒す

③ 木と木の間にロープを通して、縦に割を入れる

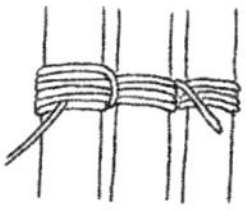

④ 「巻き結び」でロープをとめて三脚の完成

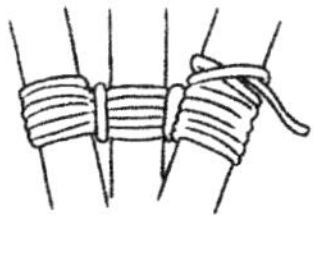

豪快！ 炙り料理に挑戦

塩とスパイスをよく揉み込んだ豚バラ肉を針金で巻き、三脚に吊るして、焚き火でじっくり炙る。6～10時間かけてゆっくり芯まで火を通すわけで、焚き火の香りがふんわりつき、肉の表面は脂がほどよく抜けてパリッと焼き上がる。焦って火に近づけると、ただの焼き肉になってしまう。その場合は、シュラスコみたいに外側をそいで・焼いてを繰り返して対応しよう。

安定感大のドリンクバー

せっかく持っていったクワトロポッド。焚き火にしか使わないのではもったいない。バケツに氷を詰めて吊るしておけば、ワインクーラーとして活躍。シェラカップやマドラーを吊るしたり、そばにスナックやフルーツを置いてドリンクバー代わりにしてみては。空間を縦に利用できるので、サイトもスッキリ見せられる。

控えのカップ

カップを傾斜ハンガーに吊して自由にドリンクやスナックを持っていけるようにしておく。キッチンでは調味料や根菜の保管にも役立ちそう。

冷たいドリンク

氷と飲み物を入れたソフトバケツにカラビナを取り付け、S字フックに吊るすだけ。飲み物がなくなってからクーラーボックスから補充すればいいので、ムダな開閉を抑えられる。

おつまみ棚

下部に空間ができるので、小さなテーブルやチェア、棚を置いておつまみ用のスペースに。もちろん、食器やカトラリーを並べてもいい。

高い位置からサイトを照らすランタンスタンド

ランタンハンガーがない場合は、クワトロポッドにランタンを吊るして代用するのはもはや定番だ。安定感があるので、ランタンを倒して壊す危険がないし、高い位置にセットすれば子どもが熱いグローブに触れにくいのもメリットだ。何より雰囲気がいいし、高い位置から照らせるというのも実用的。

なぜ高い位置にランタンを吊るすの？

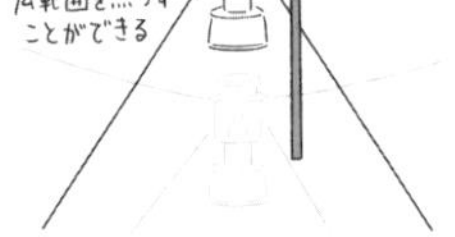

多くのランタンは上部に笠がある。真下はさすがに影が出るものの、横〜下側は明るく、ランタンの上には光がまわりにくい。高い位置にランタンを吊るせば、より広い範囲を照らせるので、大光量ランタンは高い位置にセットしたい。

棚の数は自由自在！ 整理棚

キャンプサイトではいくつあってもうれしいのが整理棚だ。フロシキやバンダナ、手ぬぐいなどをクワトロポッドに結びつければ簡単な棚が完成。食器やカトラリーなどは余裕で置くことができる。また、ショックコードやパラコードなどを巻き付けておけば、いろんな小物を吊るすことも可能だ。子ども用のお片付け棚にも使える。

BBQアイテム

どこに置いたかすぐに忘れてしまうのがBBQ用の小物。ライター、トング、ターナー、耐火グローブなど、ハンガーに置くクセをつけておこう。

カップ&ライト

パラコードを編んだストラップをクワトロポッドに巻き付ける。太くて安定感があるので、複数のカップやライトを吊り下げても安心。

食器棚

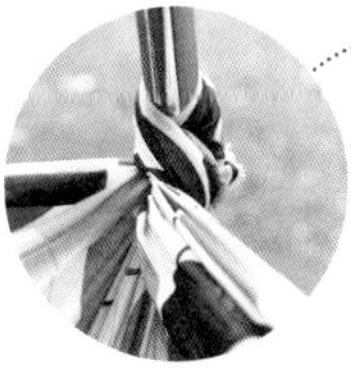

**結ぶだけだから
棚の数は
自由に増やせる**

フロシキや手ぬぐいなど、薄手のしなやかな素材が結びやすい。

布の端をクワトロポッドに結び付けるだけ。布があれば何段でも棚を作れるのがメリット。大きな布は深くなるので、かさばるものもすっぽり収まる。

収納と使い勝手が抜群！

小さな焚き火「ウッドストーブ」

ソロキャンプブームとともに注目を集めているギアのひとつが、ウッドストーブ（ネイチャーストーブ）。
一般的な焚き火台との違いから使い方を紹介する。

軽さと収納力に長けた新たなジャンルが大注目！

ここ最近、日本のガレージブランドから海外の大手アウトドアブランドまで、参入が相次ぐウッドストーブ市場。ソロキャンプブームも後押ししており、今や激戦のカテゴリーといえるかもしれない。

　そもそもウッドストーブは、19世紀頃にアメリカの労働者が暖を取ったり、調理したりするのに使っていたホボウストーブに由来する。当時はガスや灯油といった燃料類を使うことは、ぜいたくとされていた。労働者たちは空き缶やドラム缶のフタを取り、側面に穴をあけ、木などの身近な燃料を使って炎を起こしていた。それから放浪者やバックパッカーがそれに注目し、携帯性の高い小さな缶類で使用していったことから、現代の原型に近い形になっていった。そ

PHOTO／千葉沙恵子　TEXT／小川迪裕　協力／オートキャンプ フルーツ村

そもそもウッドストーブとは？

ウッドストーブとは、木の枝や落ち葉、松ぼっくりなど、身近に落ちているものを燃料にして焚き火をする道具。シンプルなデザインが多く、煙突効果によって燃えやすい構造を採用している。そのため、小さいながらも、火力は十分高い。

どんな種類があるの？

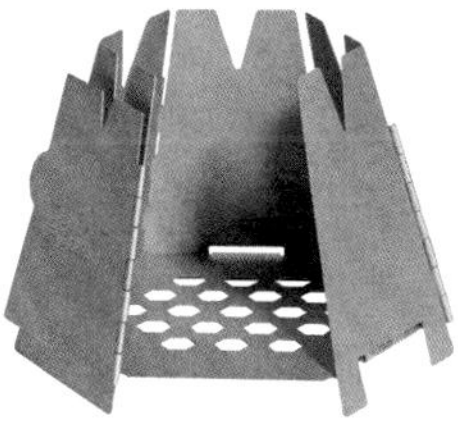

台形型

下から上に向かって狭くなっている形。炉から口へ炎を細く出すため火力が高いのがポイント。

ボックス型

数枚のプレートで組み立てる。部品が少なく収納力に優れる。煙突効果を得やすいデザインも多い。

円筒型

組み立て不要ですぐに焚き火ができる。煙突効果や二次燃焼といった、火力を上げる機能が多い。

んなウッドストーブは、今やキャンプや登山でも使用されるアイテムとなった。

焚き火台との違いは、使用する燃料。焚き火台は薪が主流なのに対し、ウッドストーブは木の枝などの身近に落ちているもの。もちろん焚き火台でも枝は使用するが、サイズに見合った量を用意するとなると、膨大になってしまい効率が悪い。

ウッドストーブの特徴は、手のひらに載せられるほど本体が小型であること。ある程度の枝の量で満タンになるので、サイズに見合った炎が楽しめる。継ぎ足しは必要だが、煙突効果や二次燃焼で調理も可能。さらに、身近なものが燃料になるのでコスパがすこぶるいい。

ただし焚き火同様にマナーには気をつけよう。

愛用者が増加！

ウッドストーブの魅力とは

その❶ 軽い！ そして小さい！

スマホを横に置けば一目瞭然！　モデルにもよるが、片手で持ち運べるほどのサイズと重量なのでその手軽さがわかる。

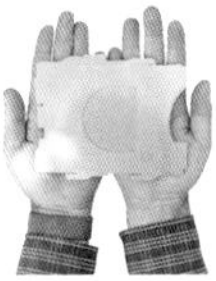

手の上にのせても重くない！

その❷ 燃料は身近なものでOK

上から楽にくべられる！

木の枝や落ち葉、松ぼっくりなど、近くに落ちているもので焚き火が可能。着火剤も必要なく、手軽にできるのが魅力。

その❹ 火力が高い

燃焼効果や二次燃焼といった火力を上げる効果をもつモデルが多く、一度火がつけばあとは一気に燃える。豪快な炎が楽しめる。

その❸ 組み立て、撤収が楽

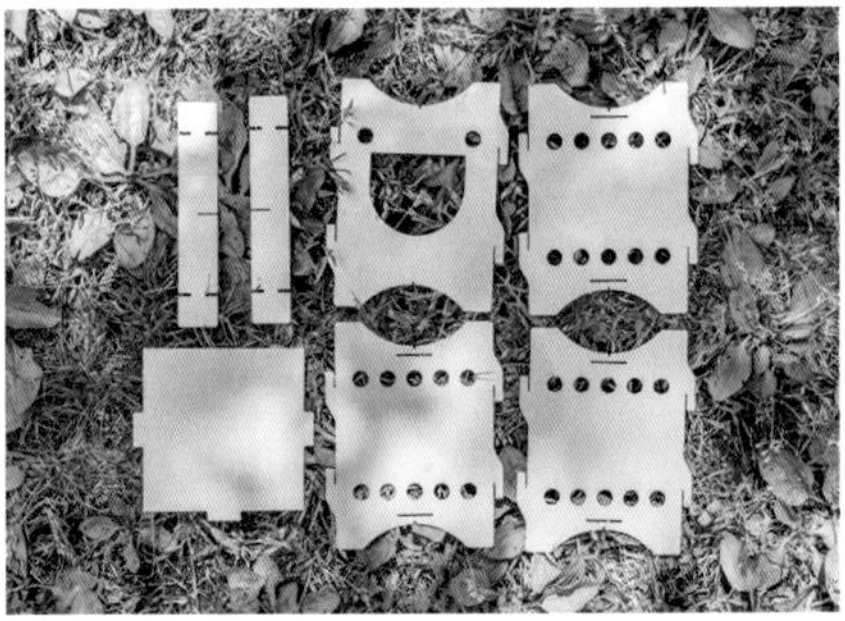

ボックス型や台形型は、数枚のプレートを組み合わせていけば完成。慣れれば30秒でできる。円筒状なら組み立て不要！

そのままの状態から板を合わせるだけ！

その6 片付けも簡単

持ち運びやすいので、使い終わったら灰捨て場までサッと持っていける。口が大きくないため、火消し壺に灰を入れるのも簡単だ。

その5 ゴトク機能を搭載

ストーブの上部がゴトクとして使える形状のものが多く、クッカーなどの料理器具がそのまま置ける。ゴトクを買い足す必要なし！

試してみたい！ ちょっとした調理の小技

複数調理もできちゃう!?

遠赤外線で炒める

鉄板やアルミプレートを上に載せ、その上に調理器具や缶詰などを載せれば、遠赤外線で温められる。

じっくり焼いてお酒のお供に！

網を使った炭火焼き

自然燃料ではなく炭を使い、焼き網を載せれば炭火焼きも可能。お酒のおつまみづくりにも使える。

ウッドストーブの ここが気になる！

鋳鉄ものには要注意！

耐荷重が低い

小さく軽いがゆえ、重いものを載せるのはNG。使う前にメーカーの公式WEBサイトなどで対荷重を確認しよう。

火のお世話がちょっと大変……

火が消えやすい

枝や葉っぱは一瞬で燃え尽きてしまい持続力がない。長く使いたい人は多めに燃料を用意しよう。

焚き火台と比較した違い

収納・使用サイズ

焚き火台とウッドストーブを並べてみると、これだけ大きく違う。ソロキャンプに向いているのが、ウッドストーブなのがわかる。

調理器具

焚き火台のほうが面積が広いため、調理器具は大型もしくは複数使いが可能。ウッドストーブには小さな調理器具しか載せられない。

使用する燃料

焚き火台は薪、ウッドストーブは枝や落ち葉などを使用。後者のほうが少ない燃料で十分燃えるので、荷物が少なくてすむ。

炎の火力

焚き火台の炎は横に広がり、ウッドストーブは縦に伸びる。複数人で炎を見るなら前者、小さな炎をひとりで堪能するなら後者がよし。

持ち運び

焚き火台は両手でしっかり持たないと運べないが、ウッドストーブは簡単に運べる。力に自信がない人でも安心だ。

少ない灰で
捨てやすい！

後片付け

焚き火台は面積が広いため、灰を捨てるのにひと苦労。ウッドストーブは裏返してサッと捨てられる。地面にこぼすことも少ない。

⚠ 使用時に注意すべきポイント

⚠ 使用中と後は素手で持たない

当然のことながら、使用後は非常に高温になる。必ずグローブなどをつけて持ち運ぼう。

⚠ 使用する場所に気をつけよう

焚き火台と同様、芝生などの上でじかに使うのは控えよう。火の粉や灰で燃える恐れがある。焚き火同様に、一般的なタープ下も厳禁。

⚠ 燃えやすい服を着ない

枝などが爆ぜると周りへ飛ぶこともある。化繊の服を着ていると溶けることもあるので、ウエアにも注意しよう。

⚠ 乾いていない燃料は使わない

濡れた燃料は火がつきにくいことに加え、燃えたとしても水分がまず蒸発する。煙がたくさん出るため、周りに注意しよう。

直火OK！　薪サービス！

焚き火のために行きたくなる

焚き火が楽しくなるキャンプ場

増加する焚き火好きキャンパーに楽しんでもらおうと、キャンプ場ではさまざまなサービスやイベントを実施している。焚き火好き必見の28スポットをご紹介。

01 薪サービス&使い放題のキャンプ場

埼玉県 CAZUキャンプ場

規定料金を払えば、薪が使い放題！

6月下旬から7月上旬にホタルの舞う幻想的な風景が楽しめる名栗川沿いのキャンプ場。製材工場に併設されたキャンプ場とあって、オートキャンプ利用なら規定の料金を払えば薪が使い放題というサービスが好評だ。キャンプサイトのほか、ログハウスでの宿泊も可能。

DATA：埼玉県飯能市赤沢1072
TEL.042-978-8560　https://www.cazu.jp

1. 緑に囲まれた名栗川沿いのキャンプ場。**2.** オートキャンプ利用なら料金を払えば薪使い放題。**3.** 本格ピザが味わえるピザ窯も有料で利用可能。

長野県 ACN信州伊那谷キャンパーズビレッジ

場内に落ちている枝は自由に使い放題

標高900mの山間にある自然豊かなキャンプ場では、落ちている枯れ木や枝を自由に拾って、焚き火をすることができる。薪割り道具も無料で貸し出してくれるので、ワイルドな焚き火が楽しめる。5名用キャビン「ファーストキャビン」はファイヤーピット付き。

DATA：長野県上伊那郡中川村大草7833
TEL.0265-88-2695　http://www.odp.jp

1. 自然を活かして作られた野性味あるキャンプ場。**2.** スタッフと一緒にセンターハウス前で焚き火も楽しめる。**3.** 薪は針葉樹と広葉樹を販売。

紹介している施設情報やサービス内容は、2021年春の情報です。
事前に最新情報をご確認の上、各キャンプ場をご利用ください。

TEXT／牛島義之

千葉県

有野実苑 オートキャンプ場

冬は焚き木無料コーナーをオープン

一年を通して収穫体験が楽しめる人気のキャンプ場。12 ～3月の間、薪が無料で使える「焚き木無料コーナー」(なくなり次第終了)がある。ノコギリや斧を持って、必要な分だけ切りだそう。地元山武杉の間伐材を活用した薪も販売している。

DATA：千葉県山武市板中新田224
TEL.0475-89-1719
https://arinomi.co.jp

1. 四季を感じる緑に囲まれたオートキャンプサイト。**2.** 場内に落ちている枝を集めた焚き木無料コーナー。**3.** 小屋付きのシェッドサイトは直火も楽しめる。

千葉県

オレンジ村 オートキャンプ場

木材の廃材を利用した薪が無料で使える

10 ～ 4月の期間、食べ放題のみかん狩りが楽しめるキャンプ場。果樹園内にキャンプサイトが設けられ、一部のサイトを除き直火が楽しめる。木材の廃材を利用した薪が無料で使えるのもうれしいサービスだ。冷えた体が温まる予約制のお風呂があるのもありがたい。

DATA：千葉県南房総市千倉町
久保1494
TEL.0470-44-0780
https://orangemura.com

1. ミカン畑に点在するキャンプサイト。**2.** 場内では食べ放題のみかん狩りが楽しめる。**3.** 廃材を利用した薪は無料で利用できる。

02

直火が楽しめるキャンプ場

群馬県 グリーンパーク ふきわれ

フリーサイトで 直火を堪能しよう

森と川に囲まれた自然豊かなキャンプ場は、2020年から冬期もオープン。フリーサイトは直火OKで、焚き火台を使う焚き火とはひと味違った“火遊び”が楽しめる。地元の新鮮野菜を使ったピザ作り体験も、薪を使った本格ピザ窯で焼き上げるので格別なおいしさ。

DATA：群馬県沼田市利根町大楊1098
TEL.0278-56-3215
https://www.greenpark-fukiware.com

1

2

3

1. 林間のフリーサイトでは直火が楽しめる。**2.** 薪の購入は売店も兼ねた管理棟で。**3.** 地元の新鮮野菜を使ったピザ作り体験も開催。

栃木県 ACN サンタヒルズ

全サイト直火OK！ 野趣あふれるキャンプを

森の中の「林間サイト」、平地の開けた「広々サイト」とも全サイト直火が可能。ウッドデッキを外した土間であれば焚き火ができるコテージもあるので、野趣あふれるキャンプが楽しめる。針葉樹と広葉樹が販売されている薪は、地元木材を使用。

DATA：栃木県那須郡那珂川町三輪967
TEL.0287-96-4622
https://santahills.co.jp

1

2

3

1. 木々などで区画された約100㎡の「広々サイト」。**2.** 全サイトで直火が楽しめるのはうれしい。**3.** さまざまなツリーハウスに泊まれるのも魅力。

千葉県 フォレストパーティ峰山

山頂からの眺望と大自然が魅力のキャンプ場

三島湖を望む峰山の山頂付近にある、自然豊かなキャンプ場。展望台からの眺めもよく、天気がよければ富士山やスカイツリーも望める。そんな大人も子どもも冒険気分を味わえる場内では、各サイトで直火を楽しむことが可能だ。

DATA：千葉県君津市大岩445-5
info@forest-party.info
http://forest-party.info

1.自然を活かして作られたキャンプサイト。**2.**大自然のなかで直火が楽しめるのが魅力。**3.**展望台から雲海が望めることも。

滋賀県 奥琵琶湖キャンプ場

琵琶湖のほとりで直火を満喫できる

琵琶湖畔に近い雑木林の中にあるキャンプ場には、オートキャンプサイトのほか、ペットノーリードサイトやコテージといった宿泊施設もあり、さまざまなスタイルのキャンプが楽しめる。キャンプサイトはすべて直火OKなので、よりワイルドなキャンプも可能だ。

DATA：滋賀県長浜市西浅井町大浦1796
TEL.0749-89-0121　https://okubiwako-camp.com

1.四季折々の自然が楽しめるキャンプサイト。**2.**バンガローやコテージなどの宿泊施設も充実。**3.**湖水浴が楽しめる琵琶湖へは歩いてすぐ。

島根県 カヌーアンドキャンプ美郷

ファイヤープレイスで直火ができる

三瓶山の麓、江の川沿いにあるアウトドア施設では、キャンプだけでなく、カヌーやカヤック体験なども楽しめる。木で区切られたプライベートサイトや大人数向きのグループサイトには、専用の水道、AC電源、直火スペースがあり、充実したキャンプが楽しめる。

DATA：島根県邑智郡美郷町亀村54-1
TEL.0855-75-1860
https://www.misato-kankou.com/stay/lodging/123

1.指定のファイヤープレイスで直火が可能。**2.**木立で区画されたプライベートサイト。**3.**6家族程度まで入れるグループサイト。

03

ファイヤーピット付きサイトがあるキャンプ場

群馬県 北軽井沢スウィートグラス

さまざまな焚き火サイトで炎を満喫

浅間山の麓に広がる3万坪の敷地に、さまざまなサイトやキャビン、コテージなどのログハウスが建ち並ぶ。なかでも焚火炉がある「林間サイト」「狼煙サイト」などのサイトやファイヤーピットがある「たきびの小屋ポロ」「ファイヤーサイドコテージ」などが人気。

DATA：群馬県吾妻郡長野原町
北軽井沢1990-579
TEL.0279-84-2512
https://sweetgrass.jp

1.浅間山麓に広がる広大なキャンプ場。**2.**ファイヤーピット付きの「たきびの小屋ポロ」。**3.**焚き火が楽しめるイベントも開催される。

愛知県 アウトドア・ベース犬山キャンプ場

ティピーの中で焚き火ができる

小川が流れる林間のキャンプ場で人気があるのは、テント内で焚き火が楽しめるティピー。キャンプサイトで楽しむ焚き火とは違った、ネイティブアメリカンのようなスタイルが味わえる。ティピーは6人用と4人用の2タイプがあり、デイキャンプ利用も宿泊もできる。

DATA：愛知県犬山市今井東山95
TEL.0568-61-6316
http://www.kirakira.net

1.常設されたティピーは全部で10張。**2.**ティピーの中にあるカマドで焚き火ができる。**3.**強風や大雨でなければ雨でも焚き火ができる。

栃木県　キャンプ・アンド・キャビンズ那須高原

専用の焚き火リングで調理もできる

アメリカンテイストあふれる高規格キャンプ場には「オートキャンプサイト"焚火"」「"KIDS PLAY"サイト」など「焚き火リング」と呼ばれるファイヤーピットを備えたサイトがあり、気軽に焚き火が楽しめる。焚き火リング付きのキャビンやコテージが多数あるのも魅力だ。

DATA：栃木県那須郡那須町高久甲5861-2
TEL.0287-64-4677
http://www.camp-cabins.com

1.焚き火リングが備えられたサイトが多数ある。**2.**遊具や焚き火リングを備えた"KIDS PLAY"サイト。**3.**木々に囲まれたゆったり過ごせるキャンプ場。

茨城県　ウォーターガーデンリゾート キャンプ&マリーナ

宿泊施設のファイヤーピットを完備

常陸利根川沿いにあるマリーナ付きのキャンプ場で、マリーナ内ではカヤックを楽しむことができる。そんなキャンプ場のメイン施設となるキャビンやトレーラーには、直火が楽しめるファイヤーピットを完備。初心者でも気軽に焚き火の醍醐味を味わえる。

DATA：茨城県神栖市日川3183-3
TEL.080-7897-7674
http://water-garden-resort.com

1.ファイヤーピットを完備したトレーラー。**2.**キャンプ初心者でも気軽に直火が楽しめる。**3.**常陸利根川沿いに広がるキャンプ場。

楽しい焚き火サービスがあるキャンプ場

04

山梨県 PICA富士西湖

焚き火を楽しみながら食事をしよう

カヌーや釣りなどのアクティビティが楽しめる西湖畔のキャンプ場では、オリジナルの焚き火料理食材を提供。焚き火専用の長いフォークで厚切りベーコンを炙る「ファイヤーベーコン」、厚切りハムと粒マスタードで作る「焚火ホットサンド」などの料理が楽しめる。

DATA：山梨県南都留郡富士河口湖町西湖2068-1　TEL.0555-30-4580
https://www.pica-resort.jp/saiko

1

2

3

1.焚き火ケルンが設置された「TENBAフリーサイト」。**2.**焚き火スペースのある「Pao・焚火BaseⅡ」。**3.**朝食にピッタリの「焚火ホットサンド」

山梨県 PICA八ヶ岳明野

セット食材で焚き火料理にチャレンジ

南アルプスや八ヶ岳を望む、緑豊かな山間のキャンプ場。ここで楽しみたいサービスは、焚き火で作るための食材セット「TAKIBI 食材」。飯ごうで炊く「1日3組限定『かぞくでたき火ごはん』セット」や「焚火ステーキ」「焚込みごはん」など楽しいセットが選べる。

DATA：山梨県北杜市明野町浅尾5260-5
TEL.0555-30-4580
https://www.pica-resort.jp/akeno

1

2

3

1.開放感抜群の「テントサイトエリア」。**2.**木々に囲まれた「林間テントサイトエリア」。**3.**スキレットでステーキ肉を焼く「焚火ステーキ」。

千葉県　大多喜わんぱくキャンプ場

いろんな道具を使って火遊びができる

広めの「ゆったりオートサイト」や「ぷちグランピングサイト」などがある手作り感いっぱいのキャンプ場。ここならではの楽しみは、子どもに人気の「火遊びゾーン」。さまざまな薪割り道具で丸太を割ったり、ファイヤースターターで着火したり、いろいろな“火遊び”が楽しめる。

DATA：千葉県夷隅郡大多喜町平沢1281-6
https://www.wanpaku-camp.jp

1. 手作り感が温かい素朴なキャンプ場。**2.** さまざまな道具が使える「火遊びゾーン」。**3.** 薪が無料で使えるので存分に楽しめる。

静岡県　PICA表富士

地元のお米を飯ごうで炊いて味わおう

富士山2合目に位置する森に囲まれたキャンプ場で体験してみたいのは、地元のお米「静岡コシヒカリ」3合を飯ごうを使って薪で炊く「THE焚き火めし『飯ごうご飯』」。セット食材をオーダーして、普段のキャンプではなかなかチャレンジできない焚き火ご飯に挑戦だ。

DATA：静岡県富士宮市粟倉2745
TEL.0555-30-4580
https://www.pica-resort.jp/omotefuji

1. 森を満喫できる「アドバンスドエリア」。**2.** 豊富にタイプがそろったコテージ。**3.** 挑戦したい「THE焚き火めし『飯ごうご飯』」。

三重県　青川峡キャンピングパーク

一から自分で火をおこしてみたいならコレ！

清流の青川に沿って、さまざまなスタイルのサイトやコテージが並ぶキャンプ場では、いろいろな体験セットを用意。なかでも体験してみたいのが「初めての火おこしセット」だ。麻ひも、ファイヤースターター、焚き火台、薪1束がセットになっているので気軽に挑戦できる。

DATA：三重県いなべ市北勢町新町614
TEL.0594-72-8300
https://www.aogawa.jp

1. 直火炉で焚火が楽しめる「水辺サイト」。**2.** 四季を感じられる「オープンサイト」。**3.** 家族で「初めての火おこしセット」に挑戦。

05

暖房器具のレンタルがあるキャンプ場

群馬県

赤城山 オートキャンプ場

さまざまな暖房アイテムを レンタル

直営牧場のブランド豚「こめこめ豚」や、一年を通じて行われるさまざまなイベントが人気のキャンプ場。暖房アイテムのレンタルも充実していて、焚き火台やこたつ、ホットカーペットなども用意されている。

DATA：群馬県前橋市三夜沢町425-1
TEL.027-283-8368
http://autocamp-akagi.com

1. 赤城山中腹の高原にあるキャンプ場。**2.** バンガローやキャビンなどの宿泊施設も充実。**3.** 焚き火台のレンタルも行っている。

山梨県

花の森 オートキャンピア

11～2月は 薪ストーブのレンタルが無料

季節の花で彩られる道志川近くのキャンプ場。場内にはお風呂があり、宿泊中は何度でも入ることができるのは、寒い冬にうれしいサービスだ。薪ストーブのレンタルは、11～2月の期間であれば無料。長い煙突も装着されているので、タープの下でも使うことができる。

DATA：山梨県南都留郡道志村
上中山9709-1
TEL.0554-52-2776
http://www.hananomori.jp

1. 季節の花に囲まれたキャンプサイト。**2.** 薪ストーブには長い煙突が付いている。**3.** 薪ストーブを使って料理を楽しんでみよう。

山梨県 富士ヶ嶺 おいしいキャンプ場

1

2

3

屋根&ウッドデッキ付き全天候型サイトも

通常のサイトのほか、屋根付きの「全天候型オートキャンプサイト」や多人数向きの「オートキャンプサイトL」などさまざまなサイトがある。暖房器具のレンタルも薪ストーブ、石油ストーブ、ホットカーペットなど充実。

DATA：山梨県南都留郡富士河口湖町富士ヶ嶺696
Tel.050-8007-1120
https://oic-camp.com

1.キャンプ場からは富士山の雄姿が望める。**2.**管理棟には焚き火が楽しめるバーもある。**3.**薪ストーブが焚かれ、いつも暖かい管理棟。

長野県 ライジングフィールド 軽井沢

1

2

3

ブッシュクラフトが楽しめるサイトも！

軽井沢の自然に抱かれた約4万坪のアウトドアリゾート。広々とした芝生のサイトや林間サイト、直火が楽しめるブッシュクラフトサイトなど、さまざまなサイトがある。暖房のレンタルも、薪ストーブをはじめ、ホットカーペットなど充実。

DATA：長野県北佐久郡軽井沢町小瀬2129
Tel.0267-41-6889
https://www.rising-field.com

1.軽井沢の自然のなかで満天の星が望める。**2.**充実の薪ストーブキットもレンタル。**3.**薪ストーブには長い煙突も付いている。

三重県 かぶとの森テラス

1

2

3

薪1束付きの薪ストーブもレンタル

鈴鹿川の源流に位置する森の中のキャンプ場。オートキャンプサイトのほか、芝生や林間のフリーサイト、常設ツリーテントなどもあり、さまざまなスタイルが楽しめる。レンタルも充実しており、薪1束付きで薪ストーブや石油ストーブも用意されている。

DATA：三重県亀山市加太中在家8125
Tel.0595-98-0605
http://kabutonomori.com

1.10×10mのAC電源付きオートキャンプサイト。**2.**ソロ・デュオ専用の野営サイト。**3.**開放感のある芝生のフリーサイト。

焚き火が楽しめるRVパーク

埼玉県　キャラバンパーク所沢

家族風呂や焚き火スペースなど充実の設備

関越自動車道・所沢ICを降りてすぐにあるRVパーク。貸切家族風呂や屋外シンクがあるなど設備が充実している。なかでも人気があるのは、薪を購入すれば無料で使うことができる「焚き火スペース」。焚き火のレクチャーもしてくれるので初めてでも安心して楽しめる。

DATA：埼玉県所沢市坂之下1101-1
TEL.090-2412-5517
https://caravanpark.biz

1.宿泊者が自由に使える「焚き火スペース」。**2.**所沢ICからすぐの好立地にある。**3.**本格窯焼きピザも食べられる「焚き火カフェ」。

埼玉県　RVパーク ヘリテイジ美の山

大展望温泉やレストランも利用できる

リゾートホテル内にある日本最大級のRVパーク。グリルや焚き火台の使用が可能なので、BBQや焚き火を楽しむこともできる。ホテルの大展望温泉やレストランも利用可能。BBQ食材も提供しているので、RVパークながらキャンプ気分も味わえる。

DATA：埼玉県秩父郡皆野町皆野3415
TEL.0494-62-4355
https://www.ikoinomura-minoyama.jp

1.グループで集まって楽しむことも可能だ。
2.広いスペースでゆったりと車中泊ができる。
3.空いていれば遊びまわるスペースもある。

埼玉県　RVパークみどりの村

キャンプ気分で宿泊できるRVパーク

アスレチックや芝生広場などがある県営みどりの村内のRVパーク。オーニングやテーブル、チェアを出してくつろぐことも可能で、焚き火台を使った焚き火も楽しめる。RVパーク内にはカフェも併設。管理棟を兼ねていて、薪もここで購入することができる。

DATA：埼玉県秩父市上吉田1011
TEL.090-2166-0447
https://rv-park.jp/park/99

1.オーニングを出して楽しむことができる。**2.**受付となる併設のカフェ「村カフェ」。**3.**焚き火台を利用すれば焚き火も楽しめる。

神奈川県　RVパーク中津川

プレミアムサイトでキャンプも楽しめる

ホタル観賞や川遊びが楽しめる中津川沿いにあるRVパーク。2019年10月にキャンプ気分が味わえる「プレミアムサイト」を新設し、BBQや焚き火が楽しめるようになった。シャワールームやトイレ、トレーラーハウスでの宿泊もできるので、観光の拠点にも便利に使える。

DATA：神奈川県愛甲郡愛川町半原125-1
TEL.090-2450-5548
https://nakaturvgreenclub.jimdofree.com

1.クルマの脇で焚き火を楽しむこともできる。**2.**キャンプ気分でゆったりと車中泊が可能。**3.**焚き火を使った本格的な料理も楽しめる。

静岡県　RVパーク伊豆黒根岬

大海原や満天の星を眺めながら車中泊を

太平洋が一望できる高台にあるので、晴れていれば伊豆七島が望め、夜には満天の星、朝には日の出を望むことができる。強風時を除いて、焚き火台を使えば焚き火を楽しむことができるので、暖まりながらゆっくりと星空や日の出を眺めることもできそうだ。

DATA：静岡県賀茂郡東伊豆町稲取3009-1
TEL.090-2166-0447
https://rv-park.jp/park/186

1.満天の星が眺められる広い空が魅力。**2.**稲取地区の高台に位置するRVパーク。**3.**太平洋を一望できるロケーション。

GARVY CAMP BOOKS シリーズ

好評発売中

キャンプをはじめるなら
この1冊!

快適キャンプマニュアル

テントやタープの建て方、ランタンやバーナーの活用術など、快適なキャンプのはじめ方を徹底解説!

ISBN978-4-408-33993-1
定価 1430円（本体1300円）

ワンランク上の
キャンプ料理が身に付く!

キャンプ料理ぜんぶ

BBQや焚き火料理など、キャンプで作りたい本格料理のレシピを一挙公開! お酒、ハーブ&スパイス、旬の食材と組み合わせた絶品レシピを召し上がれ。

ISBN978-4-408-33994-8
定価 1430円（本体1300円）

本書は、キャンプ雑誌『ガルヴィ -GARVY-』（実業之日本社刊）各号の
掲載記事を元に再編集し、刊行するものです。

編集協力　牛島義之　大森弘恵　岡本倫幸　小川迪裕
カーネル（大橋保之　横山穂波）　長野修平
写真協力　逢坂 聡　中里慎一郎　鈴木優太　千葉沙恵子
協力　PICAさがみ湖　オートキャンプ フルーツ村　スノーピーク
コールマン ジャパン　ロゴスコーポレーション
新越ワークス　キャプテンスタッグ

装丁・本文デザイン　吉田恵美（mewglass）

編集　風間貴允（実業之日本社）

GARVY CAMP BOOKS
焚《た》き火《び》をとことん楽《たの》しむ

2021年9月21日　初版第1刷発行

編者　ガルヴィ編集部

発行者　岩野裕一

発行所　株式会社実業之日本社
〒107-0062　東京都港区南青山5-4-30
CoSTUME NATIONAL Aoyama Complex 2F
電話【編集部】03-6809-0452　【販売部】03-6809-0495
https://www.j-n.co.jp/

印刷・製本　大日本印刷株式会社

ISBN978-4-408-33995-5（第一アウトドア）